二字漢字の謎を解く

# 親を切ると書いてなぜ「親切」

北嶋廣敏

ド文庫

# まえがき

「青春」という言葉がある。この言葉の意味について、ある国語辞典には「十代後半から二十代前半の、明るく希望にもえる時期」とあり、別の辞典には「年若く元気な時代」とある。「青春」がどういう意味の言葉であるかは、たいていの人が知っている。では「青春」はなぜ「青い春」なのか。そう問われたら、返答に窮する人もいるだろう。

夏の日の午後などに雷《かみなり》がよく発生する。雷は大きな音とともに閃光を発するが、その光のことを「稲光《いなびかり》」または「稲妻《いなずま》」という。なぜ「稲の光」なのか、どうして「稲の妻」なのか。

「時計」という漢字はふだんよく用いられている。この漢字は「とけい」と読むが、「時」という漢字は「じ」あるいは「し」と音《おん》読みし、「とき」と訓《くん》読みする。「時」には本来、それ以外の読み方はない。時間、時刻、時速、時代などの「時」は、いずれも「じ」と音読みする。それなのに時計の「時」はどうして「と」と読むのか。

私たちはたくさんの言葉を使って会話をし、また本や新聞などを読みながら、たくさんの言葉と出会っている。そのなかには、よくよく考えると、「なぜそう書くのか」「なぜそう読むのか」「どうしてそういう意味になるのか」といった疑問をもたせる不思議な言葉がけっこうある。右に示した「青春」「稲妻」「時計」などはその一例である。私たちはふだんは何気なく言葉と接しているため、指摘されないとなかなか気づかないが、たとえば「時計」を「とけい」と読むのはたしかに不思議である。

本書はそうした不思議な言葉を取り上げ、その疑問を解いてみたり、語源や由来などをさぐったりしたものである。この本では、言葉のなかでも、「青春」「稲妻」など、漢字二字からなる熟語を対象としている。漢字の熟語には二字からなるものが多く、また二字漢字には不思議が詰まっている。

これからあなたを二字漢字のワンダーランドへご案内する。気軽に読んで遊んで、楽しんでいただければ幸いである。

# 「不思議な二字漢字」の謎を解く！

## 01 欠伸《あくび》

### 伸びを欠くのがなぜ「あくび」？

疲れたとき、眠いとき、退屈なときなどに、あくびをする。「あくび」という言葉は、「飽《あ》くぶ」という動詞が名詞化したもので、漢字ではふつう「欠伸」と書く。「欠伸」はいわゆる当て字なのだが、あくびがどうして「欠伸」なのか。

**「欠」という字は、人が前に向かって口を開いているさまをかたどった象形文字である。あくびをするとき、口を開く。「欠」はじつはあくびを意味する字である。あくびをし、背伸びをする。それを表わしたのが「欠伸」**である。「欠」だけで、あくびの意味があるが、あくびの漢字としては「欠」と「伸」からなる「欠伸」が一般には用いられている。

あ行

02

# 朝腹《あさっぱら》

## 早朝と「腹」の関係は？

朝の早い時刻のことを「あさっぱら」といい、「あさっぱらから、うるさくて困る」などといった言い方をする。その「あさっぱら」は漢字で書けば「朝腹」である。

**「あさっぱら」は「あさはら」（朝腹）が変化したものである。そしてその「朝腹《あさはら》」は朝食前の空腹を意味していた。それが転じて「朝腹」は早朝という意味になり、「あさはら」が変化して「あさっぱら」となった。**江戸時代中期の辞書『俚言集覧《りげんしゅうらん》』に、「朝腹」について、「江戸詞《ことば》、本来朝食前の事なるが、転じて只《ただ》朝からの事を云《いふ》」とある。

「朝腹」（あさはら、あさっぱら）は、江戸時代には朝食前に空腹をふさぐためのちょっとした食べものという意味や、その朝食前のちょっとした食べものは容易に食べられることから、ものごとが容易であることの意味にも用いられた。

03

# 圧巻《あっかん》

## 巻を圧《おさ》えつける―その巻とは？

「圧巻」という言葉があり、小説や映画などで、もっとも優れた部分をいう。「圧巻」を文字どおり読めば「巻を圧《おさ》えつける」という意味になるが、この言葉は中国で行なわれていた科挙《かきょ》という官吏《かんり》登用試験からでたものといわれている。その試験の答案は巻きもの状になっていた。そして審査後、最優秀の答案を他の答案のいちばん上に乗せるということが行なわれていたそうである。すなわち**最優秀の答案（巻）が、他の答案（巻）を圧《おさ》えつける形になった。そこから「圧巻」という言葉が生まれ、他を圧倒するほど優れた文章や書画を「圧巻」と呼ぶようになった。**本来、「圧巻」は文章・書画について用いられていたが、転じて、すべてのものごとにおいて目立って優れた部分を意味するようになった。

04

# 天晴《あっぱれ》

## 天が晴れてすばらしいから「あっぱれ」？

感動したり、ほめたりするとき、みごとだ、すばらしい、でかしたなどの意味で、「あっぱれ」という言葉を発する。その「あっぱれ」は漢字ではふつう「天晴」と書く。

**「あわれ」という言葉があり、**気の毒である、かわいそう、ものがなしいなどの意味に用いられている。「あわれ」はうれしいにつけ、悲しいにつけ、楽しいにつけ、心に感じる思いを表わす言葉で、**それが促音化して中世に「あっぱれ」となり、みごとである、すばらしいといった意味で用いられるようになった。**

**「天晴」は当て字である。天下晴れて第一のすばらしさ、みごとさといった意味合いから「天晴」を当てたのだろう。**

05

# 宛先《あてさき》

## 「宛」にはあてるという意味はないのだが…

手紙や荷物などを送る相手の住所氏名を「宛先」「宛名《あてな》」という。その「宛」はあてるという意味に用いられているが、「宛」にはもともとそういう意味はない。

「宛」という字は、一説に先祖の霊をまつる廟《びょう》のなかで人が坐り、先祖の霊を拝していることを表わしているという。そこで「宛」は、身をかがめて坐る、まげるという意味になった。それが「宛」の本来の意味である。

「充」という字があり、あてることを意味する。そこで、あてるの漢字としてはもともと「充」が用いられていた。その「充」の草書体が「宛」の字と似ていたため、中世以降、混用され、「宛」はあてるという意味を持つようになった。

06

# 亜流《ありゅう》

## 「亜」はなぜ二番目を意味するのか

一流の人のまねをすることを「亜流」という。その「亜」はつぎ（次ぎ）、つぐという意味だが、どうしてこの字はそうしたことを意味するのだろうか。

漢字の研究の第一人者、白川静氏によれば、**「亜」（旧字形は「亞」）は中国古代の王や貴族を埋葬した地下墓室の形をかたどった象形文字で、葬礼など霊に対する儀式をとり行なう者を「亜」といった。有力な氏族にはそれぞれ亜がおり、族長に次ぐ第二番目の人とされた。そこで、つぐ、第二という意味をもつようになったという。**

「亜熱帯」の「亜」も同じく、つぎという意味で、亜熱帯は熱帯の次の温かい気候の地域をいう。アジアを漢字で「亜細亜」と書くことがあるが、その「亜」は「あ」という音を表わすだけで、意味はない。

07

# 案《あん》内《ない》

## その「内」は何を意味しているのか

「案内」は先立って目的の場所まで連れていったりすることをいう。また事情や様子を知らせるという意味にも用いられている。だが「案内」はもともとはそういう意味ではなかった。

**案内の「案」という字は、ものを置く台のことで、食卓、机などの意味に用いられ、転じて控えの文書（文書の写し、下書き）を意味するようになる。その文書の内容がすなわち「案内」である。**古代の文書には「検案内」（案内を検ずる）という言葉がよく使われている。それは書類の内容を調べることをいう。それが転じて、「案内」はものごとの事情や内容を意味するようになった。道や場所を知らない人に教えたり、そこへ連れていったりする意味で「案内」を用いるようになったのは鎌倉時代のころからのようで、『徒然草』にその用例が見える。

08

# 塩梅《あんばい》

## 物事のかげんがなぜ「塩」と「梅」なのか？

身体の様子をたずねるとき、「お身体のあんばいはいかがですか」などという。その「あんばい」は漢字では「塩梅」、あるいは「按排（安排）」と表記する。

**古く、料理の調味には塩と梅（梅酢）が用いられた。塩と梅酢は昔の料理には欠かせない調味料だった。それによって料理の味を加減した。そこで味加減のことを「塩梅《えんばい》」というようになった。**

一方、ほどよく配置したり、処理したりすることを意味する「按排《あんばい》（安排）」という言葉があり、ほどよくする、ほどよく調えるという点で、「塩梅《えんばい》」と意味が似通っている。そこで**「塩梅」と「按排」が混同して用いられるようになり、「塩梅《えんばい》」の読み方が「あんばい」となった。**

## 09 遺《い》憾《かん》

### 「遺憾の意」とはあやまる気持ち？

行動や言動に対して謝罪するとき、「遺憾」という言葉を用いて、いわゆる遺憾の意を表わすことがある。政治家がよく用いる言葉だが、「遺憾」とはそもそもどういう意味なのか。

『日本国語大辞典』によれば、「遺憾」とは「思い通りにいかないで、心残りなこと。残念。またそのような感じ」。他の国語辞書も同じような意味を載せている。「遺憾」にはそれ以外の意味はない。すなわち「遺憾」には謝罪の意味、すみません、申し訳ありません、ごめんなさいといった意味はないのである。よくないこと、いけないことを意味する「いかん」の影響もあってか、「遺憾」にはわびる意味があるかのように思えるが、その意味はない。

あ行

## 10 板前《いたまえ》

### なぜ「前」なのか

料理人（日本料理の料理人）を「板前」、または「板場《いたば》」という。「板場」とはまな板（俎）のある場所という意味で、転じて料理人を意味するようになった。「板場」は主に関西で用いられ、関東では「板前」という。その「板」はまな板の意味だが、では「前」は何を意味しているのか。

**「板前」の語源については、板（俎）の前にいる人という意味から、料理人をいうようになったと考えられている。**「板前」は単に「板」ともいい、「さん」をつけて「板さん」などという。料理人を意味する「板前」「板場」「板」はいずれも江戸時代から使われている言葉である。

11

# 糸目《いとめ》

## 「糸目をつけない」の糸目って何?

「糸目」という言葉があり、「金に糸目をつけない」といった使い方をする。「金に糸目をつけない」は、お金を思いのまま使うことをいう。「糸目」とはいったい何なのか。「金に糸目をつけない」の「糸目」は、凧《たこ》の糸目に由来する。凧の糸目とは、凧の上がり具合を調整するために、凧の表面につける糸をいう。それをつけるのが、「糸目をつける」で、転じて、ものごとをするのに制限を加える、だし惜しみをすることをいう。その反対が「糸目をつけない」である。お金について用いられることが多い。

## 12 稲妻《いなずま》

### 雷光がどうして「稲の妻」なのか

雷《かみなり》は大きな音とともに、光を発する。その光（雷光・電光）のことを「稲妻」、あるいは「稲光《いなびかり》」などという。どちらも「稲」という言葉を含んでいるが、どうして「稲」なのか。

**雷が発生しはじめるころ、稲が穂をつけはじめる。そこで昔の人は雷が稲をはらませる、すなわち稲を妻、雷光を夫とみなし、両者が交わることで、子ども＝穂（実）ができると考えたのである。だから雷光のことを「いなずま」と呼ぶようになった。**その「いなずま」は稲の夫という意味なのだが、昔は「夫」も「つま」と呼んでいた。本来なら、いなずまは「稲夫」と書くべきであるが、ふつう漢字では「稲妻」と書かれている。

雷光のことを古くは「いなつるび」ともいった。「いな」は稲、「つるび」はつるむこと、すなわち交わる（性交する）ことを意味する。

## 13 浮世《うきよ》

### なぜこの世は「浮世」なのか

「浮世の風」「浮世の荒波にもまれ」などと用いる「浮世」は、世のなか、世間のことをいう。その**「浮世」はもともとは「憂世《うきよ》」で、「うき世」とは辛《つら》いことの多い世のなか、苦しみに満ちた世のなかという意味であった。**

はかない人生、はかないこの世を意味する「浮世《ふせい》」（浮生《ふせい》）という漢語がある。その「浮世」を訓読みすると、「うきよ」となり、「うき世」（憂世）に「浮世《うきよ》」が当てられ、はかない人生、定めない世のなかという意味に用いられるようになった。そして、**はかなく定めないこの世であれば、深く考えずに面白おかしく暮らさなければ損というわけで、「うき世」（浮世）は享楽的に生きる世のなかといった意味になっていった。**

江戸時代には「浮世」は、今様、当世風という意味にも用いられた。浮世絵の「浮世」はその意味である。

14

# 内幕《うちまく》

## どこにそんな幕があるのか

「内幕をあばく」などと用いる「内幕」は、外からは見えない内部の事情を意味する。その「幕」はもともとは何の幕のことなのか。幕といえば、芝居が思い浮かぶ。陰で自分の思うように人を動かす人のことを「黒幕」という。それは芝居の黒幕からきているが、「内幕」のほうは芝居とは関係ない。

**「内幕」は軍陣の幕のことである。陣営で、その周囲に張る二重の幕のうち、外側に張る大きな幕を外幕《とまく》といい、その内側に張る外幕より小さな幕を内幕という。それが転じて、「内幕」は外からはわからない内部の事情、内情・内実の意味に用いられるようになった。**夏目漱石の作品（『門』）に、「内幕話」という語が見える。外部に知られない内輪の話をいう。

15

# 裏《う》目《らめ》

## 裏目ってどんな目なのか

予測していたのとは逆の不利な結果になる。そんなとき「裏目にでた」などという。その目は何の目なのか。人間の目は顔の前に二つある。顔（頭）の後方にはない。動物のなかには後方（裏側）に目をもつものがいるのだろうか。

**「裏目にでる」の裏目の「目」はサイコロの目のことである。**立方体のサイコロの六面には一から六までの目が記してある。一の裏は六で、二の裏は五、すなわち奇数の目の裏側は偶数になっている。**サイコロによる丁半賭博で、丁（偶数）・半（奇数）のいずれかに賭け、賭けたのと反対の目（たとえば丁に賭けたのに半）がでると、「裏目にでた」といった。**そこから予期に反して不都合な結果になるという意味に用いられるようになった。

16

# 上前《うわまえ》

## 「上」と「前」を取るとはどういうこと？

取りついで人に渡すべき代金や賃金の一部をかすめとることを「上前を取る」「上前をはねる」などという。その「上前」とはいったい何のことなのか。

**「上前」は「上米《うわまい》」が変化したもので、神社が年貢米の一部を初穂として寄進させていたことに由来する。**江戸時代には諸国の年貢米が神領などを通過するときに運送船から取った通行税の一種を「上米」といった。

『三養雑記《さんようざっき》』（江戸時代後期）という随筆に、大坂の住吉神社では年貢米から一定の量を神社へ寄進させていて、それを上分米《じょうぶんまい》と呼んでいたが、そこから「上《うわ》米《まい》取《と》り」という表現が生まれたとある。「上米取り」とは、今日の「上前を取る」と同じ意味である。

江戸時代には「上米」「上前」の両方が使われていた。現在ではもっぱら「上前」である。本来の意味からいえば「上米」のほうが正しい。「上前」ではその意味がよくわからない。

17

# 雲泥《うんでい》

## なぜ「雲」と「泥」なのか

違いがはなはだしいことをたとえて「雲泥」といい、「雲泥の差」などといった言い方をする。雲は空に浮かんでおり、泥は地面にある。なぜ雲と泥なのか。

中国の後漢の歴史書『後漢書《ごかんじょ》』に、つぎのような話が載っている。後漢の時代に、道家《どうか》の学を修め、自分の死を予告してその日に死に、のちに仙人になったといわれる矯慎《きょうしん》という人がいた。彼を尊敬していた呉蒼《ごそう》なる者が矯慎に、「あなたは世に埋もれ、難儀されていますが、天にある雲に乗られて天上を行くごとく、私は地上の泥をはいまわるように、大きな違いがございます…」といった内容の手紙を書いた。

大きな違いをいう「雲泥」、そして「雲泥の差」という言葉はこの故事からでたものとされている。「雲泥の差」と意味がよく似たことわざに「月とすっぽん」があるが、こちらは日本生まれである。

## 18 云々《うんぬん》 なぜ「うんうん」ではないのか

「色々」「延々」「少々」などの「々」は、同一の字を重ねるときに用いる符号で、踊り字、重ね字、畳字などと呼ばれている。「々」は前の字を繰り返す符合だから、「色々《いろいろ》」の場合、その「々」は前の字の「色《いろ》」と同じ読み方をし、「色々」は「いろいろ」と読む。それは「延々《えんえん》」「少々《しょうしょう》」でも同じである。

ところが「云々」は「うんぬん」と読み、「々」は前の字の「云《うん》」と同じ読み方をしない。「云」は言うこと、述べることを意味し、「うん」と音読みする。「云々」は「云」を重ねたものだから、「うんうん」と読むべきなのに、「うんぬん」と読まれている。それは**上の「云《うん》」の末音の「ん」（nの音）が、下の「云《うん》」の頭音の「う」（u）と融合し、下の「云」が「ぬん」となったからである。**二つの語が逭接するときに生ずるそうした音韻上の変化を連声《れんじょう》という。

# 19 干支《えと》 どうしてそんな読み方をするのか

「干支」を音読みすれば「かんし」だが、ふつうは訓読みで「えと」と読んでいる。干支は十干《じっかん》と十二支《じゅうにし》を組み合わせたもの。十干は甲《こう》・乙《おつ》・丙《へい》・丁《てい》・戊《ぼ》・己《き》・庚《こう》・辛《しん》・壬《じん》・癸《き》の十文字をいう。もとは順番などを示した文字である。十二支は子《ね》・丑《うし》・寅《とら》・卯《う》・辰《たつ》・巳《み》・午《うま》・未《ひつじ》・申《さる》・酉《とり》・戌《いぬ》・亥《い》の十二の文字をいう。

十干は五行（木・火・土・金・水）に二つずつ分けられ、それぞれ陽の気を表わす「兄《え》」と、陰の気を表わす「弟《と》」に当てられた。すなわち甲は「木の兄《え》」、乙は「木の弟《と》」、丙は「火の兄」、丁は「火の弟」、戊は「土の兄」、己は「土の弟」、庚は「金の兄」、辛は「金の弟」、壬は「水の兄」、癸は「水の弟」となった。その「兄《え》」と「弟《と》」から、十干を「えと」と称した。

十干と十二支を組み合わせた十干十二支（それを略したのが干支）は、年などを表わすのに用いられているが、「干支」も「えと」というようになった。

20

# 縁《えん》側《がわ》

## 「縁」だけで縁側を意味するのに、なぜ「縁側」なのか

和風住宅で部屋の外側にある板敷きの部分を「縁側」という。縁側には雨戸などの外に設けられて雨に濡れるにまかせるものもあり、これを濡れ縁と呼んでいる。

漢字の「縁」は一説に織りもののへり飾りの部分を表わしたものという。ふち、へり、まわりなどを意味し、縁側の意味にも用いられている。「縁」はそれだけで縁側を意味する。もともとは単に「縁」とだけいっていた。「側」をつけて「縁側」というようになったのは江戸時代になってからのようである。

**どうして「側」をつけて呼ぶようになったのか。「縁」という一字では言葉として不安定である。そこで周辺を意味する「側」を加えて「縁側」と呼んだのだろうと考えられている。**ちなみに「縁側《えんがわ》」は、「縁《えん》」が音読み、「側《がわ》」が訓読みなので重箱読みということになる。

21

# 往生《おうじょう》

## 死ぬことなのになぜ往《ゆ》きて生きるの？

「往生」という言葉には、死ぬという意味がある。「往生」を文字どおり読むと、「往《ゆ》きて生きる」となるが、どこへ往くのか。

「往生」はもとは仏教語。**往生とは極楽往生、すなわち極楽浄土に往《い》って生まれ変わることをいう。極楽浄土に往くということは、この世を去ることである。そこで江戸時代のころから、死ぬことを意味するようになり、さらに、あきらめる、どうにもしようがなく困るといった意味も派生した。**なお、そのあきらめるという意味は、無理におしつけて承知させることを意味する「圧状《おうじょう》」と混同したものと見られている。

## 22 横領《おうりょう》 なぜ「横」なのか

他人のお金や公共のものなどを不正に自分のものにしてしまうことを「横領」という。「領」という字には、自分の手中におさめるという意味がある。では「横領」はなぜ「横」なのか。

かつて「押領《おうりょう》」という語があり、兵隊を統率するという意味で用いられていた。また兵を率い、凶徒を鎮定・逮捕する「押領使」という官職もあった。「押領」は平安時代になると、領地などを無理やりに奪う、略奪するといった意味にも用いられるようになった。「横領」という言葉は明治時代になって生まれたようだが、**それは「押領」に由来すると考えられている。**

**「押領」は平安時代になると、横取りするといった意味に変化した。その横取りの意味などから、「押領」を「横領」と書くようになったようである。**

## 23 大手《おおて》

### 大きい会社がなぜ大きい「手」なのか

規模の大きい会社を「大手」という。人間の手の大きさは人によって異なるが、会社の規模の大きさを「体」や「頭」や「足」ではなく、なぜ「手」で表わすのか。

城を裏門から攻める軍勢を搦手《からめて》といい、表門から攻撃する軍勢を追手《おうて》といった。**転じて追手は城の正面・表門を指すようになり、「大手」とも書かれ、規模の大きい正面の門（表門）は大手門と呼ばれるようになった。**東京都千代田区に大手町という町名がある。その名は江戸城大手門の前面にあたることに由来する。

**「大手」は今日では規模の大きい会社という意味に用いられているが、その意味で使われるようになったのはわりと最近のこと**であり、『広辞苑』の昭和四十四年の第二版には、その意味はまだ載っていない。

## 24 大童《おおわらわ》

大きな童（子供）はあわてもの？

忙しく走り回ったり、あわてたりすることを「おおわらわ」といい、漢字では「大童」と書く。この「童」は子供のことだが、大童＝大きな子供がどうしてあわてるなどという意味になったのか。

昔、子供は男女ともいわゆるおかっぱ頭をしていた。元服して大人になると、おかっぱ頭をやめて髪を結った。**武士が戦場で激しく動き回ったりすると、髪が乱れ、ざんばら髪になったりする。すなわち子供の髪（おかっぱ頭）みたいになる。そこでざんばら髪のことを「おおわらわ」（大童）と呼んだ。それが転じて、忙しく走り回ったりすることをいうようになった。**

## 25 汚《お》職《しょく》 ―戦後の漢字制限で「瀆職《とくしょく》」の「瀆」を「汚」に

「汚職」は汚《よご》れた職ではなく、職を汚《よご》すという意味。賄賂《わいろ》をとり、不正行為をして職責をけがすことをいう。ふだんよく耳にする言葉だが、この言葉はひと昔前の辞書には載っていない。汚職は昔からあった。しかしその言葉はなかった。**汚職のことを昔は「瀆職《とくしょく》」と呼んでいた。「瀆」はけがすことを意味する。戦後の漢字制限によって瀆職の「瀆」が使えなくなった。その代用語として「汚」の字が用いられ、「汚職」という言葉が生まれたわけである。**

現在の刑法のもとになっている刑法は明治四十年（一九〇七）に制定されており、その第二十五章は「瀆職の罪」となっている。法律（刑法）では「瀆職」という言葉はその後もずっと使われ、平成七年の章名改正によって、刑法第二十五章は「汚職の罪」と改められた。

26

# 落度《おちど》

## いつのまにか「越度」が「落度」に

**あやまち、過失を意味する「落度」は、古くは「越度《おちど》」と書いていた。**「越度」は本来は障害を越えて度《わた》（渡）るという意味であり、関所を通らないで他国へ行くことを「越度」といった。

のちにその意味が転じ、「越度」は手落ち、過失、あやまちなどの意味に用いられるようになった。『十訓抄《じっきんしょう》』に「うちあるふるまひにも越度の出で来つるは口をしきことなり」とある。その「越度」の意味が変化するにともない、越度のもつ手落ちという意味の影響もあってか、「落度」とも書かれるようになり、今日では一般に「落度」が用いられている。

27

# 億劫《おっくう》

「億」と「劫」は気の遠くなるような長い時間だから……

面倒くさいこと、気乗りがしないことを「億劫」という。その「億劫」はもとは仏教語で、本来は、「おくこう」（おっこう）と読む。**「億」は数の単位の億で、「劫」はサンスクリット語の「カルパ」の音訳「劫波」を略したものであり、きわめて長い時間の単位である。**どれくらい長いかといえば、たとえばある経典では、四方上下が一由旬《ゆじゅん》（由旬は古代インドでの長さの単位で、一説に約十一キロメートル）の鉄城に芥子《けし》を満たし、百年ごとに一つの芥子を取り、すべて取っても終わらないくらいの長い時間とされている。

それが「一劫」で、「億劫」はそれを一億倍した長さの時間である。すなわち**「億劫」は気の遠くなるような長い時間であり、計算するだけでも面倒である。そのような長い時間を考えると、何をするのもいやになってしまう。そんなところから、「億劫」はわずらわしくて気が進まない、面倒くさいといった意味になった。**

28

# 御《お》袋《ふくろ》

## 母親はどうして「袋」なのか

自分の母親のことをいう「御袋」の「御」は、本来は敬称としての「御」だが、現在では敬称としての意味は消失している。「御袋」という言葉は中世のころから見られるようになる。現在ではもっぱら男性が用いているが、古くは女性も用いていた。

母親がどうして「ふくろ」（袋）なのか。それについては諸説ある。**（一）母は家政をにぎり、金銭その他すべてを袋から出し入れし、そのしめくくりをするから。（二）赤ん坊は母親の胎内にいるとき胞衣《えな》に包まれ、袋に入ったような状態でいるから。（三）母は子供を懐《ふところ》に抱くので、ふところが転じて、ふくろになった。（四）女性の子宮のことを子袋と呼ぶところから。**

このほかにもまだある。（二）と（四）は共通しているが、これらの説が有力とされている。母親は「御袋」、それに対する父親の呼称は「親父《おやじ》」である。

29

# 親玉《おやだま》

## 親の玉って何の玉?

多人数のなかで頭になる者、頭領、主人のことを「親玉」という。式亭三馬の『浮世風呂』に「おらが親玉めと一緒に酒を食つて居やアがるが…」とあるが、その親玉は主人を意味する。「親玉」が頭領、主人などの意味で用いられるようになったのは江戸時代からだが、親玉の「玉」は何のことなのか。

数珠を手にしたことがあるだろうか。数珠の珠の数はふつう百八個で、その半分の五十四個、二十七個のものもあり、それぞれの**数珠にはその中心に、ひときわ大きな珠がある。それを「親玉」という。頭領、主人を意味する「親玉」は、数珠の親玉からきていると考えられている。**親玉が数珠の中心の珠であることから、中心となる存在、首位に立つ者、すなわち頭領、主人を「親玉」と呼ぶようになったという。

## 30 御中《おんちゅう》

### その「中」は何を指しているのか

個人宛てではなく、会社・官庁・団体などに宛てて郵便物をだすとき、宛名のあとには「様」とは書かず、「御中」という言葉を用いる。「御中」は古くは「おんなか」と読んだこともあるが、現在では「おんちゅう」と読むのが一般的である。その「御」は尊敬の意味の接頭語だが、では「中」は何を意味しているのか。

「御中」を用いるのは、会社や団体宛てでも、個人名を書かない場合である。どこかの会社の誰某《だれそれ》宛てにだす場合は、誰某の名前の下に「様」をつけ、「御中」は用いない。**御中の「中」は、会社のその中の人に、という意味である。**

「御中」を用いる場合には、宛名（たとえば○○会社××営業所）の左下に、宛名の最後の一字（右の例では「所」）に重なるくらいの位置に書く。

## 31 柏手《かしわで》

### 「拍」と「柏」との字が似ているからとは！

神社などで神を拝むとき、一般的には、まず深々と頭を下げ、これを二回繰り返す。次に両手を開いて打ち合わせて鳴らす。それを「柏手」という。柏手も二回行なう。そして最後に、もう一度深々と頭を下げる。その一連の動作は「二拝《にはい》二拍手一拝《にはくしゅいちはい》」と呼ばれているが、両手を打ち合わせることをなぜ「柏手」というのか。

**手を打ち合わせることを「拍手《はくしゅ》」という。手を打って神を拝むことを古くは「拍手」と書いていたが、後にその「拍」が「柏」と書き間違えられたことから、「柏手《かしわで》」となったといわれている。**

そのほかに、手を打ち合わせるときの手の形が柏の葉に似ているからとか、神前への供えものを柏の葉に盛り、手を打って膳をすすめるからといった説もある。

32

# 風邪《かぜ》

## よこしまな風？

温度や気圧などの関係で起こる空気の流れを「かぜ」（風）といい、ウイルスによって呼吸器がおかされる病気も「かぜ」という。病気のかぜは今日では「風邪」と書かれることが多いが、古くは「風」と書いていた。

慶長八年（一六〇三）に刊行された『日葡辞書《にっぽじしょ》』に「風邪《ふうじゃ》、よこしまのかぜ」について、「人のからだにしみこんだり、人に病気を起こさせたりした悪い風」とある。この**「風邪」は江戸時代には「ふうじゃ」と音読みされ、とくに感冒《かんぼう》を指すようになり、明治時代になって「かぜ」と訓読みされるようになった。**

## 33 形見《かたみ》

### 思い出の品がなぜ「形見」なのか

死んだ人や、遠く別れた人のもっていたもので、その人を思いださせるような記念の品を「形見」といい、人の死後、死者の衣服やもちものなどを、その子供や親族などのあいだで分けることを「形見分け」という。「片見」と書くこともあるようだが、「形見」の表記が一般的である。また「かたみ」に「記念」という漢字を当てることもある。

なぜ「形見」というのか。**形見は思い出の種になる。「形見」というのは、その人の形を見るということからとする説がある。これに対し、形見は「片身」が転じたものという説もある。**昔、形見分けする品といえば、そのほとんどは衣類であった。「形見」のもとの形は「片身」で、身体の一部分を意味し、死者の身につけていたもの（衣類）を分けるので「片身分け」だという。

34

# 割《かつ》愛《あい》

## 省略するのになぜ「愛」なのか

省略することを意味する「割愛」という言葉がある。割愛の「割」には、さく、切り取るという意味があるが、「割愛」にはどうして「愛」という字が使われているのだろうか。

**「割愛」は愛を割くとも読める。じつはそれが「割愛」のもともとの意味である。愛着の気持ちを断ち切ることを「割愛」といった。それが転じて、惜しいと思いながらも省略するという意味になった。**単に省略するのではない。惜しいと思いながら、省略するのである。だから「割愛」には「愛」という字がある。この「愛」は惜しいけれどもという意味である。

「割愛」は省略と同じ意味で用いられていることが多いが、惜しいという気持ちがなければ、「割愛」とはいえない。

35

# 勝《か》手《って》

## 台所がどうして勝手なのか

台所のことを「勝手」といい、「お」をつけて「お勝手」とも呼ばれる。「勝手」には、都合・便利、様子・模様などの意味もあるが、室町時代のころから台所が「勝手」と呼ばれるようになった。

**食糧のことを「かて」という。古くは「かりて」ともいった。「かりて」は刈りてで、「て」はものを意味し、「かりて」は農穀の意味だという。その「かりて」が「かて」「かって」と変化し、台所を意味するようになり、それを「勝手」と漢字表記したという説がある。**この説によれば、「勝手」は当て字ということになるが、どうしてその字を当てたのかはよくわかっていない。

## 36 合点《がってん・がてん》

### それはどんな点なのか

「合点」は、「がってん」「がてん」の二通りの読み方がある。「がてん」は「がってん」が変化したもの。「合点」とは本来は和歌、連歌などを批評する際に、よしとするものに点（印）をつけること、また点のことをいった。さらに、順次に回して読む回状などを読み終わり、同意を示すために自分の名前の上に鉤《かぎ》型の印をつけることも「合点」といった。

それが転じて、承知する、認定する、納得するという意味に用いられるようになった。納得がいくのが「合点がいく」で、納得できないのが「合点がいかない」。江戸時代には「合点たり」（承知したという意味）、「合点ずく」（納得ずくという意味）などの表現もあった。

37

# 仮《か》名《な》どうして「仮《かり》の名」なのか

仮名には「あ・い・う・え・お…」などの平仮名と、「ア・イ・ウ・エ・オ…」などの片仮名がある。「仮名」は「仮《か》り名」、すなわち仮《かり》の名という意味である。ではどうして仮の名なのか。

平仮名・片仮名は万葉仮名から生まれた。万葉仮名では、たとえば「海」を「宇美」と書いたが、その「宇」「美」の草書体から、「う」「み」という平仮名ができた。また万葉仮名の漢字の字画の省略からできたのが片仮名である。たとえば「ウ」という片仮名は「宇」という漢字の上の部分（＝「宀」）からきている。

**仮名のもとになっているのは漢字である。漢字が正しい字、正式の字。そこで漢字を「真名《まな》」と呼び、それに対し、それをもとにつくられた文字を「仮《か》り名」と呼んだ。その「かりな」が転じて「かんな」、そして「かな」となった。**

38

# 蒲焼《かばやき》

## ウナギを焼くのになぜ「蒲《がま》」を焼くのか

ウナギの代表的な料理に「蒲焼」がある。ウナギの身を開いて骨を取り、適当に切って串に刺し、タレにつけて焼いたものだが、それをどうして「蒲焼」というのか。

室町時代末期から江戸時代初期のあいだに成立したとされる『大草家料理書《おおぐさけりょうりしょ》』に、「宇治丸《うじまる》かばやきの事、丸にあぶりて後に切る也」とある。宇治丸とは、京都・宇治川産のウナギのこと。**昔はウナギは開いたりせずに、丸のまま縦に串を刺して焼いていた。それが蒲（がま・かば）の穂に似ているところから、「蒲焼」と呼ばれるようになったという。**

このほか、焼いた色や形が樺《かば》の木の皮に似ているから、あるいはその香りがすばやく（香疾《かばや》く）匂うところから、「かばやき」と呼ばれるようになったという説もある。この三つの説のなかでは、最初の説がもっとも有力である。

39

# 蒲鉾《かまぼこ》

## カマボコと蒲との関係とは？

「蒲鉾」は白身の魚肉をすりつぶし、調味料を加え、蒸したり焼いたりして固めた食品である。ある国語辞書には、その形が蒲《がま》の花穂《かすい》に似ていたからカマボコという名になったと説明されているが、カマボコのどこが蒲の花穂に似ているのか、疑問に思う人もいるかもしれない。

蒲鉾の起源は明らかでないが、室町時代の中期ごろにはすでにつくられていたようである。**初めは魚のすり身を竹に塗って焼いたもので、それが蒲の穂に似ているところから「蒲穂子」、また蒲の穂は鉾《ほこ》に似ているので「蒲鉾」と呼ばれた。現在ではそれを「竹輪」と呼んでいるが、もともとカマボコは今日の竹輪と同じようなものであった。**

その後、魚のすり身を板につけた蒲鉾が作られるようになると、竹に塗った蒲鉾は「竹輪」と呼び、板つきのものを「蒲鉾」と呼ぶようになった。

40

# 花《か》柳《りゅう》

## 「花」はわかるが、なぜ「柳」が付くのか

性病のことを昔は「花柳病」と呼んでいた。花柳界で感染することが多かったからである。遊女や芸者、あるいは遊郭のことを「花柳」といい、遊女や芸者の社会を「花柳界」という。

日本では柳の木が街路樹や並木として植えられているが、中国でも同じように用いられている。**また中国では柳の木は色街の並木としてもよく用いられた。そこで色街のことを「柳巷花街《りゅうこうかがい》」（花街柳巷）という。そこから「花柳界」「花柳」という言葉が生まれた。**ちなみに色街のことを「柳暗花明《りゅうあんかめい》」ともいう。

41

# 皮切《かわきり》

## なぜ手始めのことを皮を切るというのか

一連の行為の手始め、最初のことを「皮切」という。その「皮」は人間の皮（皮膚）のことである。ではなぜ人間の皮を切るのか。人間の皮とはいっても、「皮切」は刃物などで皮を切ることをいったものではない。

江戸川柳に「皮切は女に見せる顔でなし」というのがある。それはお灸《きゅう》をすえている男のさまを詠《よ》んだものである。お灸はもぐさを皮膚の上に置いて焼き、その熱で病気を治療する。やいとともいうが、お灸は熱い。とりわけ最初にすえるお灸は熱くてたまらず、それこそ皮（皮膚）を切られるような思いを味わう。そこで最初にすえる灸のことを「皮切」といった。ものごとのし始め、手始めという意味はそれが転用されたものである。

42

# 観光《かんこう》

## その「光」は何を意味しているのか

観光シーズン、観光旅行などの「観光」は、よその土地の景色や風物、名所などを見物して歩くことをいう。「観光」、すなわち光を観る。なぜ「光」なのか。

**「観光」という言葉のルーツは中国の古典、『易経《えききょう》』にある。「観」の卦《け》を説いた中に「国の光を観る」とあり、これが「観光」の語源である。**「国の光」とは何か。岩波文庫の『易経』では「国の威勢・光輝」と訳されている。**「観光」という言葉は、もともとはその国の繁栄のさまや、政治・風俗・文物などを観察することを意味していた。**今のように、景色や名所旧跡などを見てまわるという意味に用いられるようになったのは、明治時代以降のようである。

43

# 漢字《かんじ》

## 中国の文字をなぜ「漢字」というのか

われわれ日本人が使っている漢字は、中国で古い時代（もっとも古い漢字は殷《いん》の時代）につくられた文字である。中国の文字だから「中国字」といってもよさそうなのに、そういう言い方はしない。それは「漢字」と呼ばれている。どうして「漢字」なのか。

**中国の大河、長江の支流の「漢水」の流域に、紀元前二〇六年に漢王朝が成立し、この王朝は以後四百年以上にわたって続き、中国史を代表する時代となった。そこで「漢」は中国そのものを指す名称となり、中国の文字は「漢字」と呼ばれるようになった。**中国の詩のことを「漢詩」、中国の書籍のことを「漢籍」というのも同じ理由による。

# 44 勘当《かんどう》

## 「勘」のもともとの意味が謎を解くポイント

江戸川柳に「勘当を麦《むぎ》で直《なお》して内へ入れ」というのがある。息子が勘当され、田舎へやられて麦飯を食わされ改心し、家に帰るのが許されたのを詠んだものである。親が子に対して親子の関係を断つことを「勘当」という。「勘」という字は、考えることを意味し、「当」という字は、あてることを意味する。その二字からなる「勘当」が、どうして親子関係を断つことを意味するのか。

**「勘当」はもともとは勘《かんが》えて当てる、すなわち調べて決定する、罪を勘案して刑を当てるという意味に用いられていた。平安時代には「勘当」は叱り責めるという意味をもつようになり、転じて、親が子に、主君が家来に、師匠が弟子に対して関係を断つことを意味するようになった。**

江戸時代、勘当には公式と非公式があり、公式に行なうためには、平民は町村役人に、武士は奉行に願いでて、勘当帳に登録することが必要であった。

45

# 還暦《かんれき》

## 六十歳はなぜ「還暦」なのか

満六十歳になると、「還暦」のお祝いをする。昔は平均寿命が短かったので、還暦を迎えることはたいへんめでたいことであった。「還」はかえる、もとにもどるという意味。**六十年で干支《えと》が一回りして再び生まれた年の干支にもどるところから「還暦」という。**

干支は十干と十二支のことで、十干（甲・乙・丙・丁・戊・己・庚・辛・壬・癸）と、十二支（子・丑・寅・卯・辰・巳・午・未・申・酉・戌・亥）の組み合わせによって年を表わす。たとえば平成二十三年は「辛卯」である。干支は六十の組み合わせができる。だからたとえば「甲子」の年に生まれた人は、満六十歳（数え六十一歳）になったとき、また「甲子」の年を迎えることになる。還暦、すなわち生まれた年にもどるということは、赤ん坊にもどるということでもある。だから、還暦を迎えると、赤ちゃんのように赤い着物を着て、お祝いをする。

# 46 帰省《きせい》

## 帰るだけだったら「帰省」ではない

盆や正月などの休みのとき、一時的に故郷に帰ることを「帰省」と呼んでいる。俳句では「帰省」は夏の季語になっているようだが、それは暑中休暇を利用して帰ることが多いからだろう。

「帰省」と意味が似た言葉に「帰郷」があり、「帰省」は「帰郷」とほとんど同じ意味に用いられている。「帰郷」は故郷へ帰ることをいう。「帰省」も故郷に帰ることでは「帰郷」と同じだが、**「帰省」には「省《かえり》みる」という行為が含まれている。故郷に帰って、父母を省みる。親の安否をうかがう。それが「帰省」の本来の意味である。単に故郷に帰るだけでは「帰省」とはいえないのである。**

47

# 鬼籍《きせき》

## 死ぬとなぜ「鬼籍に入る」のか

死ぬことを「鬼籍に入《い》る」という。死去・死亡の遠回しの言い方である。鬼といえば、頭に角を生やし、牙《きば》をもった恐ろしい姿をした存在を想像する人が多いだろう。死んだらどうして恐ろしい「鬼」の「籍」に入るのか。

鬼籍の「鬼」は、昔話の「桃太郎」や「一寸法師」などに登場する「おに」ではなく、死んだ人を意味する。漢字の「鬼」はもともと死んだ人、あるいは死んだ人の霊をいう。**中国では、人は死ぬと「鬼」になると考えられていた。「鬼籍」は死んだ人の名前・死亡年月日などを記す名簿。死ぬと鬼になるから、鬼籍に入ることになる。**鬼籍は「点鬼簿《てんきぼ》」あるいは「鬼録《きろく》」ともいう。

## 48

# 牛耳《ぎゅうじ》

## 支配することがなぜ「牛の耳」なのか

「牛耳」を動詞化した「牛耳る」という言葉があり、団体・党派などの中心人物となって、その組織を思いどおりに動かすことを意味する。この言葉は大正時代、学生たちがつくりだしたスラングが一般化したものらしいが、そのもとになったのは「牛耳を執《と》る」という言葉で、それは古代中国の盟約の儀式に由来する。

**古代中国の春秋時代、諸侯が盟約を結ぶとき、牛の耳を裂き、その血をすりあい誓いあった。**ちなみに「盟」という字は「明」と「皿」からなるが、一説にその「皿」は血を意味しており、「盟」は明（神明）の前で血をすすって誓うことを意味する字だという。**盟約を結ぶ際、最初に盟主が牛耳を執った。**

**そこから盟主になること（中心人物になること）を「牛耳を執る」というようになり、転じて党派・団体などでリーダーとなって支配することを意味するようになった。**「牛耳る」は「牛耳を執る」の「牛耳」を動詞化したものである。

## 49 器用《きよう》

### 「器を用いる」とはどういうこと？

「器用」は、手先などをうまく動かすこと、あるいは要領がよいことを意味する。器用の「器」はうつわ（容器）のことである。**「器用」とは、もともとは役に立つ器物（器具）、器として役立つものという意味であった。それが転じて、役に立つ才能があること、あるいは才能がすぐれた人のことをいうようになった。そしてさらに転じて、わざがすぐれている、手先の技巧がすぐれているといった意味に用いられるようになった。**

器用でない人のことを「ぶきっちょ」という。これは「無器用《ぶきよう》」がなまったものである。

# 50 魚介《ぎょかい》

## なぜ魚貝ではダメなのか

海藻以外の、魚類、貝類、エビ、カニ、ウニなどの水産物を総称して「魚介類」という。「魚貝類」と書くこともあるが、魚貝類だと、魚類と貝類しか含まないことになる。

仲介、紹介、介護などの熟語をなしている「介」という字は、一説に体の前後に鎧《よろい》をつけた人の形をかたどった象形文字といわれており、「介」には鎧という意味がある。鎧をつけて武装し、身を守り（身を助け）、また他を隔《へだ》てる。だから「介」には、助ける、隔てるといった意味もある。

**貝、カニ、エビなどは鎧のようなもの、すなわち殻や甲羅を身につけている。魚介類の「介」はそれらを指している。もともとは「魚介類」と書かれていた。その「介」の意味が忘れられ、「貝」と混同されて「魚貝類」とも表記されるようになったようだが、水産動物の総称としては「魚介類」のほうが適している。**

## 51 銀行《ぎんこう》

### どうして「金行」ではないのか

明治五年（一八七二）、国立銀行条例が公布され、翌年に第一国立銀行が設立された。以後、「銀行」という言葉がしだいに一般に定着していった。「銀行」は英語のbankの訳語で、もとは中国語と見られている。ロプシャイトの英漢対訳辞書（『英華字典』一八六七〜六九）に、bankの訳語として、「銀行、銀舗、銀店」などが見える。銀行は金融機関の一種だが、「金融」という言葉は「金銭の融通」を約《つづ》めたもので、和製の漢語であり、この「金融」という語は中国語にもなっている。一方、**「銀行」という言葉はもとは中国語で、日本語の「銀行」はそれを借用したものと見られている。中国では銀が主要な通貨として用いられていた。そこで「金行」ではなく「銀行」となったようである。**

52

# 空《くう》港《こう》

## 「港」といえば船、なぜ飛行場が「空港」なのか

飛行機は空を飛ぶ。その飛行機が発着する場所を「空港」という。「港」は船が停泊する所である。それなのに飛行機が発着する場所をどうして「港」というのか。

飛行機がない時代、ものや人の輸送には船が重要な役割をはたしていた。飛行機はいわば空を飛ぶ船であり、飛行機（旅客機）の用語には船からとったものが少なくない。たとえば機体を「シップ」（船）、機長を「キャプテン」（船長）、客室を「キャビン」（船室）、乗務員を「クルー」（船員）と呼んでいる。飛行機が発着する場所を「空港」（英語ではエアポートという。エアは空、ポートは港の意味）と呼ぶのも、船の「港」からきている。飛行機が発着する場所は「空の港」というわけである。

か行

## 53 曲者《くせもの》

### 悪者は曲がっている（正しくない）から「曲者」

かたよりのある好みや傾向が習慣化したもの、かたよった個人的傾向を「くせ」といい、漢字では「癖」と書く。一方、正しくないこと、かたよったことを意味する「くせ」があり、こちらは漢字では「曲」と書く。「癖《くせ》」と「曲《くせ》」は同語源で、「癖《くせ》」は「曲《くせ》」の意味が転じたものとする説がある。

曲がった形のものを「曲形《くせがた》」、曲がったこと、道理にそむいたことを「曲事《くせごと》」という。ふつうの人とどこか違ったところのある人がいる。**並でない者、いわゆる変わり者。そうした者を「曲者《くせもの》」といった。「曲者」はもともとそういう意味で用いられ、すぐれて巧みな人、よい腕前の人をも意味していた。そしてさらに、怪しい人物、不審な者、悪者を意味するようになった。**

大工などが使う、直角に曲がった金属製の物差しを「かねじゃく」といい、「曲尺」という字を当てる。「曲尺」は「くせじゃく」とは読まない。

54

# 口裏《くちうら》

## 口の裏ってどこのこと？

話す内容を前もって打合わせておく。そうしたことを「口裏を合わせる」という。口の裏とはいったいどこのことなのか。

**「口裏」は本来は「口占」が正しい。その昔、人の言葉の様子から吉凶を判断する一種の占いがあった。それを「口占《くちうら》」といった。**のちに「口占」は、言葉や話しぶりに隠されているもの、またそこから話し手の心中を察することの意味にも用いられるようになる。

徳田秋声の『あらくれ』（大正四年）に「口裏を合わせる」の用例が見える。江戸時代には「口占を引く」（誘いをかけて、本心をいわせる）という言い方があったが、「口裏を合わせる」はまだ生まれていなかったようである。「口裏を合わせる」はわりと新しい表現である。

55

# 靴下《くつした》

## 靴の上にはくのになぜ「靴下」なのか

「靴下」という名称が一般化するのは明治時代の終わりのころで、それ以前は「くつたび」「くしたたび」などと呼ばれていた。

靴下は靴の上（靴の中）にはくものである。靴の下にはくわけではない。それなのにどうして「靴下」なのか。

包まれている部分、他のもので覆われて隠れている部分、ものの内側のことを「下」という。たとえば「下心」という言葉があるが、その「下」は内側を意味する。靴下の「下」もその意味と見られている。足につけて靴の内側にはく。だから「靴下」である。

56

# 句読《くとう》

## なぜ「くどく・くとく」といわないのか

現代の文章には、「。《まる》」と「、《てん》」が使われており、それを句読点《くとうてん》という。江戸時代以前には句読点はなかった。「。」を句点、「、」を読点というが、「、」のほうを句点と思っている人もいるようだ。文末に打つのが句点で、文章を読みやすくするために、文の途中に打つのが読点である。

「読」という字は、ふつう「どく」（例、読書）、または「とく」（例、読本《とくほん》）と音読みする。ところが句読、読点の「読」は「とう」と発音することになっている。じつはその「読」は、よむ（読む）という意味ではなく、区切るという意味であり、その意味で使われるときには、「読」は「とう」と音読みする。

57

# 玄人《くろうと》

## その道のプロがなぜ「玄人」なのか

その道によく通じている人のことを「くろうと」といい、「玄人」と漢字表記する。「玄」には黒、奥深いという意味があるが、「くろうと」の語源は「黒人《くろひと》」である。ではなぜ「くろうと」（黒人）が、その道に通じている人を意味するのか。

「玄人《くろうと》」の反対の意味をもつ「素人《しろうと》」という言葉がある。「素人」はその道に経験の浅い人、そのことをよく知らない人をいう。素人はいわば何の色にも染まっていない。すなわち「白」である。素人の語源は「白人《しらひと》」。それが「しろうと」と変化し、「しろ」に「素」を当て、「素人」と漢字表記するようになった。

「玄人」は「素人」に対する語として創作されたと考えられている。素人の語源は「白人」。そこで「白人」に対し「黒人」。実際、かつては「黒人」とも書いていた。「黒」にかわって「玄」を用い、「玄人」と書くようになった。

58

# 黒《くろ》幕《まく》

## 黒色の幕がなぜ陰の首謀者を意味するのか

「政界の黒幕」などという「黒幕」は、表面にはでないで陰で自分の思うように人を動かす人をいう。黒幕とは本来は黒い色の幕のことである。それがどうして陰の首謀者を意味するのか。

家庭では黒い幕を使うことはあまりない。**陰の首謀者としての「黒幕」は歌舞伎の黒幕からきている。歌舞伎では場面の変わり目に黒幕を用いて舞台を隠したり、また黒幕によって闇を表現する。**黒幕の裏で行なわれていることは観客にわからないが、何かが行なわれていることは確かで、やがて場面が変わる。**黒幕の裏で舞台を操作する。そこから転じて陰の首謀者を意味するようになった。**

59

# 怪《け》我《が》

## 「怪《あや》しい我《われ》」がなぜ「けが」なのか

体の一部に傷を負うこと、またその傷のことを「けが」といい、漢字では「怪我」と書く。だが中国人にとってはこの「怪我」という漢字は負傷を意味しない。中国語では「怪我」は私をとがめる（責める）という意味になる。

**「怪我」は漢語ではなく、「けが」に当てた和製漢語である。**怪我の「怪」は漢音では「かい」だが、呉音では「け」と読む。「我」は漢・呉ともに「が」なので、「怪我」を呉音読みすれば「けが」となる。

**傷を負うと血がでる。血に染まった傷は不浄である。すなわち汚《けが》（穢）れである。「けが」という言葉は「汚《けが》る（穢る）」からでたと考えられる。**

## 60 下《げ》戸《こ》

### 「下」「戸」いずれも酒には関係ない字なのに…

酒の飲めない人を「下戸」という。それに対し飲める人のことを「上戸《じょうご》」という。吉田兼好の『徒然草』に、「下戸ならぬこそ、男《をのこ》はよけれ」とある。古来、日本では酒の飲める人のほうが歓迎される傾向にあるようだ。

**酒が飲めない・飲めるを意味する「下戸」「上戸」の語源については、一説に民戸の家族数からきているとする説がある。**

奈良時代の律令制では、成人男性の数によって、民戸が大戸《たいこ》・上戸《じょうこ》・中戸《ちゅうこ》・下戸《げこ》の四つに分けられていた。それぞれの定数は時代によって異なるが、慶雲三年（七〇六）に発せられた命令によると、上戸は成人男子の数が六〜七人、下戸は二人となっている。**人数が多ければ、婚礼に用いる酒の瓶《かめ》の数も多くなる。そこから飲酒量に関していうようになり、酒の飲める人を「上戸」、飲めない人を「下戸」というようになったという。**

61

# 解《げ》熱《ねつ》

## 下熱ではいけないのか

病気などで高くなった体温を下げることを「解熱」といい、解熱に用いる薬剤を解熱剤という。解答、解説などの「解」は「かい」と読むが（＝漢音読み）、解熱の「解」は「げ」と呉音読みする。

熱を下げるのだから「下熱」でもいいのではないかと思う人もいるかもしれない。実際、そう書く人もいるようだが、「下熱」だと熱が下がることを意味する。「解」という字のなかに「牛」が見えるが、「解」は刀で牛の体（と角）をばらばらにすることを意味する。そこから、とく、とかす、ときはなす、なくす、のぞくといった意味が派生した。**解熱の「解」は、ときはなす、なくすることを意味する。熱をときはなす、熱をなくする。すなわち熱が下がる。**

62

# 喧《けん》嘩《か》

## 口偏なのにはわけがある

「○○公園で男たちが喧嘩をしていた」。そんな言葉を耳にしたら、あなたはどんな状況を想像するだろうか。殴り合っているさまを想い浮かべる人もいるだろう。だが「喧嘩」という言葉にはもともとは殴り合いの意味はなかった。

**「喧嘩」はどちらの字も口《くち》偏であり、本来は大声で騒ぐこと、やかましく騒いで言いたてることを意味していた。**「喧嘩」は中国生まれの言葉（漢語）で、中国では今もその意味で用いられている。じつは日本でも古くはそうした意味で使われていた。ところが中世のころから、言い争うこと、腕力を用いて争うことを意味するようになった。

63

# 現生《げんなま》

## 現金がどうして「生」なのか

現金のことを「現生」ともいう。現金の俗っぽい言い方なので、使用範囲には限界がある。「生」という字は「しょう」と音読みするが、**江戸時代、現金のことを「生《しょう》」ともいった。**もともとは上方で使われていた言葉で、人が働いた手当てとして、酒や魚など何らかの品物に替えて与えるのではなく、お金すなわちなまのもの、もともとのものを与えるという意味から、お金のことを「生《しょう》」と呼んだ。

**そして「生」を「なま」と訓読みし、なまのままの現金という意味で、「現生」というようになった。**十返舎一九の『東海道中膝栗毛』のなかに「今度は現銭だ」とあり、「現銭」を「げんなま」と読ませている。

64

# 互角《ごかく》

## その角は何の角なのか

互いの実力が同じくらいで、優劣のないことを「互角」という。その「角」は動物のつののことだが、それが何の角なのかは字面からはわからない。**「互角」の角は牛の角のことである。**

**「互角」はもともと「牛角《ごかく》」と書いていた。**「牛」を「ご」と読むのは呉音読みである。牛の角の長さや太さは、左右ほとんど同じ。そこで牛の角（牛角）は優劣の差がないこと、対等であることのたとえとして用いられたわけである。

現在では「牛角」と表記されることはほとんどなく、もっぱら「互角」と書かれている。それでは本来の意味が曖昧になってしまう。

## 65 沽券《こけん》――その「券」はどんな券なのか

品位や対面にかかわることを「こけんにかかわる」、品位が下がることを「こけんが下がる」という。その「こけん」は漢字では「沽券」と書く。「沽」の字はふだんはほとんど目にすることがなく、もちろん常用漢字にも入っていない。「沽」は売ることを意味する字で、また買う意味にも用いられる。

**「沽券」は売り渡しの証文である。**土地・家屋などの売買契約の際に、売り渡しの証文を取り交わした。それを「沽券」といい、「うりけん」とも呼んでいた。**沽券には物件の価額が記されていたので、「沽券」は売り値という意味になり、さらに人の値打ち、品位、対面などの意味にも用いられるようになった。**

現在、「沽券」はその本来の意味で用いられることはほとんどない。もっぱら後に派生した意味で使われている。

66

# 心《ここ》地《ち》

## 「心」は分かるが「地」は何を意味しているのか

夢心地、乗り心地、居《い》心地、寝心地などの「心地」は、外からある刺激を受けたときに感じる気持ちをいう。日常よく用いられる言葉で、「心地よい」という形でも使われている。古くは「心地」は、気分が悪いという意味や、病気などの意味にも用いられていた。

「心」はこころと訓読みするが、心地の「心」はここと読む。すなわち、「こころ」の「ろ」が略されている。では「地《ち》」は何を意味しているのか。

「心地」の語源については、「心持《こころも》ち」が略されたものという説がある。**「心《こころ》」が略されて「心《ここ》」になり、「持ち」が略されて「ち」になり、その「ち」に「地」の字を当てたというわけである。**

67

# 姑息《こそく》

## この「姑」は「しゅうとめ」のことではない

「姑息な手段」といった言葉をよく、耳にする。あなたはそれをどんな意味に解しているだろうか。**「姑息」をずるいとか、卑怯《ひきょう》といった意味の言葉だと思っている人が少なくない。「姑息」には本来そういう意味はない。**

「姑」という字は、夫または妻の母、すなわち「しゅうとめ」を意味する。だが姑息の「姑」はその意味ではない。**「姑」には、しばらく、一時という意味もあり、しばらくのあいだ息をつくことをいう。転じて一時のまにあわせ、その場のがれという意味になった。**

ところが最近では、ずるい、卑怯であるといった意味で使われることが多くなっている。いずれその意味が辞書に載るかもしれない。

68

# 小《こ》腹《ばら》

## 腹には大腹と小腹があるのか

ちょっと腹が減ることを「小腹が減る」という。その小腹なるものは腹のどこにあるのか。横腹といえば腹の横側のことで、脇腹ともいう。では小腹は？ 下腹部のことを小腹というが、「小腹が減る」の「小腹」は下腹部の小腹のことではなく、また小さな腹という意味でもない。

「小腹が立つ」という表現があり、腹が少し立つことを意味する。その「小腹」も「小腹が減る」の「小腹」と同様に、小さい腹という意味ではない。**「小腹が減る」「小腹が立つ」の「小」は、「腹」ではなく、「減る」「立つ」と結びついている。すなわち「小」は、少し、ちょっとといった意味の副詞的な言葉として働いていて、「減る」「立つ」を修飾している。**「腹」には心、感情、気持ちなどの意味がある。「小腹が立つ」の「腹」はその意味である。

69

# 呉服《ごふく》

## その「呉」は何のこと?

和装の織物を総称して「呉服」といい、それをあきなっている店のことを「呉服店」という。その「呉」は古代中国の国名で、日本ではそれを「くれ」とも読み、古い時代には中国の呼称としても用いていた。

**古代、呉(中国)から織物の技術者がやってきており、「くれはとり」と呼ばれた。また呉の国から伝来した手法によって織った織物のことも「くれはとり」と呼ばれた。**その「くれ」は「呉」のことで、「はとり」は機織《はたおり》の意味。**その「くれはとり」は漢字で「呉織」「呉服」などと書かれ、「呉服」は音読みして「ごふく」とも呼ばれた。**

和装の織物を「反物《たんもの》」ともいう。その「反」は布の長さの単位の「反《たん》」(大人の着物の一着分の分量)からきている。

70

# 細君《さいくん》

## 大きくても、太っていても「細い妻」？

他人に対して、自分の妻のことをいうとき、「細君」という言葉を用いる。たとえその妻がかなり太《ふと》っていたとしても、「細君」という。

**前漢の武帝の時代、東方朔《とうほうさく》という弁舌・文章にすぐれた者がおり、武帝に寵用《ちょうよう》された。その東方朔が自分の妻のことを「細君」と呼んだと『漢書《かんじょ》』にある。この故事から、「細君」という呼称が一般化したといわれているが、彼はなぜ妻を「細君」といったのか。**

(一) 細君の「細」は「小」の意味で（つまり、とるにたりない、つまらないという意味）、自分の妻を謙遜して「細君」といったという説がある。(二) 当時、諸侯たちは自分の妻を「小君」と呼んでいた。東方朔は自分の妻を諸侯の妻になぞらえ「細君」と呼んだと見る説もある。また、(三) 東方朔の妻の名が細君で、その名を呼んだにすぎないという説もある。

# 71 左官《さかん》——その「左」は左利きの意味？

壁を塗る職人を「左官」という。左官がいれば右官もいるのかといえば、そのように呼ばれている職人はいないようだ。左官はどうして「左」なのか。壁塗り職人には昔は左利きが多かったからなのか。

古代の律令制では、役所の役人は「かみ・すけ・じょう・さかん」の四階級に分かれていた。サカンというのは官を佐《たす》ける人という意味の佐官からきているが、律令制の時代にはその字を用いず、各役所ではサカンに「目・属・典」などの字を当てていた。宮殿の造営や修理などを担当した木工《もく》寮ではサカンに「属」という字を当て、宮中の修理などのとき、優秀な壁塗り職人を木工寮の属《さかん》に任じ、宮中への出入りを許可した。そうしたことから、壁塗り職人をサカンと呼ぶようになり、漢字では「左官」と書かれるようになった。

72

# 刺《さし》身《み》

## 切り身なのになぜ「刺し身」なのか

日本人は古くから獣肉や魚介類を生のまま食べてきた。それらを細かく切って酢《す》にあえたものを「なます」（鱠・膾）と呼んでいるが、なますはすでに奈良時代からある。同じく生のまま食べる刺身は室町時代に生まれた料理である。

刺身は魚肉や鳥肉などを生のまま薄く細く切って、醤油などで食べる。すなわち刺身は魚肉の切り身である。それなのになぜ「刺身」というのか。

「刺身」の語源については、一説に「切る」という言葉を忌み嫌って「刺す」といい変えたものという。刺身にした魚肉はその種類によっては見ただけではそれが何の魚の肉なのかわからない。そこでその魚の名がわかるように、その魚の鰭《ひれ》などを魚肉の一端に刺しておいた。そこから「刺身」と呼ばれるようになったという説もある。

さ行

## 73 左遷《させん》 左に遷《うつ》されると、なぜ位が下がるのか

「左遷」は、官位や地位を下げたり、中央から地方に移したりすることを意味する。左遷の「遷」は、移《うつ》す、移ることをいう。**左遷、すなわち左に遷《うつ》すこと。「左」がこのような意味に用いられるのは、中国の尊右思想（右を尊ぶ考え方）からきている。**

「右」と「左」のどちらを上位とするかは時代によって違いがあった。戦国時代は右、秦・漢の時代は右、唐・宋の時代は左、元の時代は右、明・清の時代は左のほうが尊ばれた。**「左遷」という言葉ができたのは漢時代で、当時は右が尊ばれていた。そこで左遷＝左に遷すことは、位を下げることを意味するようになったのである。**

「左遷」が位を下げることを意味するなら、位を上げることを「右遷」といってもよさそうだが、そういう言葉はない。

# 74 左党《さとう》

## 酒飲みと「左」とはどんな関係なのか

政府に対する反対党を「左党」という。これはかつてフランス議会において、議長席の左側に座席を占めていたことに由来する。「左党」といえば、酒飲みのことも意味し、「左利《ひだりき》き」ともいう。それに対し酒飲みでない人を「右党《うとう》」というが、「右利き」とはいわないようである。

酒飲みがなぜ「左」なのか。**一人で酒を飲むとき、多くの人（右利きの人）は徳利《とっくり》を右手にもち、猪口《ちょこ》を左手にもって酒を注ぎ、左手で飲む。また昔は酒は左手で飲むのが習わしでもあった。そんなところから酒飲みを「左党」「左利き」と呼ぶようになったという説がある。**そのほかにも別の説がある。その昔、金鉱夫は右手に槌《つち》をもち、左手に鑿《のみ》をもって仕事をした。そこから左手のことを鑿手《のみて》といい、それが飲み手に通じるところから、酒飲みのことを「左党」「左利き」と呼ぶようになったという。

75

# 坐《ざ》薬《やく》

## なぜ「坐る薬」なのか

肛門や膣などに挿入して用いる薬を「坐薬」（「座薬」とも書く）、あるいは「坐剤」という。坐薬を坐って飲む薬と勘違いし、坐って飲んだ人がいたという話を耳にすることがあるが、坐薬は飲み薬ではない。

「坐薬」はなぜ「坐《すわ》る薬」なのか。坐ったりして用いることが多いからだろうか。

**「坐薬」という言葉はオランダ語のゼットピル（zetpil）を直訳したもののようである。**文化七年（一八一〇）に刊行された蘭和対訳辞書『訳鍵《やっけん》』に、「zetpil」の日本語訳として「坐薬」とあり、文化十三年の蘭和対訳辞書『ドゥーフ・ハルマ』でも同じく「坐薬」と訳されている。**オランダ語のzetpilは、zetが坐ることを、pilが丸薬を意味する。**

76

## 三昧《ざんまい》

### 一つのことに熱中することなのになぜ「三昧」なのか

読書三昧、贅沢《ぜいたく》三昧、ゴルフ三昧など、ある一つのことに熱中することを「〇〇三昧」と形容する。三昧の「昧」には、暗い、愚かという意味がある。したがって「三昧」を文字通り解釈すると、「三つの暗いこと」「三つの愚かなこと」という意味になってしまうが、この言葉はそんな意味ではなく、一つのことに熱中することをいう。

**「三昧」は、もとは仏教語で、サンスクリット語のサマーディの当て字である。**すなわちサマーディを漢字で音写したもので、「三」「昧」にはとくに意味はない。**サマーディとは、心を一か所にまとめておくという意味で、雑念を離れて心を一つの対象に集中し、散乱しない状態をいう。**「三昧」は本来はよい意味の言葉だが、刃物三昧、放蕩三昧など、よくないことや否定的なことにも用いられている。

77

# 死《し》球《きゅう》

## 死ぬほど痛いボールだから？

野球で投手の投げたボールが打者の体に当たることを、デッド・ボール、あるいは「死球」と呼んでいる。この「デッド・ボール」(dead ball) はいわゆる和製英語で、英語ではヒット・バイ・ピッチ (hit by pitch) という。

プロ野球では硬球が使われている。投手はそれを時速一四〇㎞くらいのスピードで投げるので、体にまともに当たれば死ぬほど痛い。当たる場所によっては死に至ることもありえる。だから「死球」というと思っている人もいるかもしれない。

その「死球」は、死ぬほど痛いボールという意味ではなく、死んだボールという意味である。**投手の投げたボールが打者に当たると、プレイが一時的に中断され、そのボールはプレイからはずされる。すなわち死んだボールとなる（ボールがデッドとなる）。それが「死球」の本来の意味である。**

78

# 時雨《しぐれ》

## なぜ「時の雨」なのか

晩秋から初冬にかけて降るにわか雨のことを「しぐれ」といい、気温が下がって雨が雪に変わると、地域によってはそれを「雪しぐれ」という。「しぐれ」の語源については多くの説がある。一説に、過ぎ行く通り雨であるところから、「過《す》ぐる」が転じて「しぐれ」になったという。

「しぐれ」にはふつう「時雨」という漢字が当てられている。中国語（漢語）で「時雨《じう》」といえば、それはちょうどよいときに降る雨を意味する。つまり漢語の「時雨《じう》」は、時雨《しぐれ》のことではない。ではなぜ「しぐれ」に「時雨」という字を当てたのか。**しぐれは、時折り断続して降る。時々降る、時に降る。そこで「時雨」の漢字を当てたのだろうと考えられている。**

さ行

79

# 醜名《しこな》

## しこ名とは「みにくい名」？

力士の呼び名を「しこ名」といい、漢字では「醜名」あるいは「四股名」と書く。力士がしこ名をつけるようになったのは室町時代後期のころからで、大友宗麟関係の軍記、『大友興廃記』に、雷《いかづち》、稲妻、大嵐、辻風というしこ名をもつ力士が相撲を興行したことが記されている。それがこれまで確認されたなかの最古（最初）のしこ名である。

**「四股名」は当て字で、「醜名」が正しいとされている。「醜《しこ》」という語には、みにくいという意味のほかに、強いという意味もある。醜名の「醜」は後者を意味すると考えられている。**最初のしこ名である雷、稲妻、大嵐などは、なるほど強そうな名である。

## 80 自《じ》首《しゅ》

### 自ら首を差し出すので「自首」？

犯罪者が警察の取り調べや捜査が行われる前に、自ら出頭して罪を申しでることを「自首」という。刑法の四十二条に「罪を犯した者が捜査機関に発覚する前に自首したときは、その刑を減刑することができる」とある。

漢字の「首」は、頭髪のある頭（首）をかたどった象形文字で、首（くび）を意味する。出頭して罪を申しでることをなぜ「自首」というのか。自ら首を警察に差しだす。だから「自首」という。そう思っている人もいるようだが、それは誤解である。

**漢字の「首」には、申す、告げるといった意味もある。自首の「首」は、くびの意味ではなく、そうした意味である。「自首」とは、自ら申す、自ら告げることを意味する。**

さ行

81

# 指《し》南《なん》

## 指導することがなぜ「指南」なのか

人を教え導くことを「指南」という。それを文字どおりに解釈すると、南を指すとなる。南を指すことが、どうして人を教え導くことを意味するのか。

古代中国に「指南車」という、方向を指し示す装置があった。車の上に人形が置かれ、その人形の手が常に南を指すように作られていたという。それを作ったのは黄帝《こう》（伝説上の皇帝）で、戦場で霧につつまれ兵士たちが方角がわからなくなったために、指南車を考案したことになっている。周公《しゅうこう》が作ったともいわれている。

「指南」は「指南車」に由来するとされている。指南車が一定の方向を指し示すところから、人に進むべき道を教える、人を教え導くことを「指南」というようになった。

# 82 尺八《しゃくはち》

## 八尺もないのになぜ「尺八」か

竹製の笛の一種に、「尺八」なるものがある。前に四つ、後ろに一つ、孔《あな》があいており、上端から息を吹きこんで鳴らす。その尺八の「尺」は長さの単位としての尺である。では「八」は何のことなのか。

尺八はもともと長さが八尺あったので「尺八」という名になったのか？　一尺は約三十センチメートルなので、八尺だと二四〇センチメートルにもなる。アルペン・ホルンという長い楽器があるが、八尺もの長さの尺八なんていうのはない。

**尺八はもともと中国の楽器で、日本には奈良時代に伝来した。その標準的な長さは一尺八寸であった。「尺八」という名称はそこからきている。**

伝説によれば、唐の玄宗《げんそう》皇帝は尺八を吹くのを好み、妃の楊貴妃《ようきひ》も一緒に吹いたという。そこで尺八のことを「楊貴妃」ともいう。

83

# 謝絶《しゃぜつ》

## 人に「謝」って「絶」つとは？

「面会謝絶」などと用いられる「謝絶」をあなたはどんな意味に解しているだろうか。謝絶の「謝」という字には、あやまる、わびる、礼をいうなどの意味がある。謝罪の「謝」はあやまること、「陳謝」の「謝」はわびること、「感謝」の「謝」は礼を言うことを意味する。では謝絶の「謝」は？　それをあやまるという意味と思って、「謝絶」とはあやまって絶《た》つことをいうと理解している人がいるかもしれない。それは誤解である。

**「謝」には、ことわる、退《しりぞ》けるという意味もある。謝絶の「謝」はその意味である。**ちなみに英語のカーニヴァル（carnival）は「謝肉祭」と日本語訳されているが、その「謝」も同様の意味である。謝肉祭を肉に感謝する祭りと思っている人がいる。カーニヴァルのもともとの意味は、肉を片づける、肉を断つことであり、謝肉祭の「謝肉」は肉を断つという意味である。

84

# 弱冠《じゃっかん》

## まだ若いから「弱い冠」なの？

「弱冠十八歳で優勝した」「弱冠三十歳で社長になった」といった表現を目にしたり、耳にしたりすることがある。それらの表現には本当は誤りがある。どこが間違っているかおわかりだろうか。

**「弱冠」という言葉は古代中国における慣習に由来する。その昔、中国では二十歳を「弱」といい、元服して冠をつけた。「弱冠」という言葉はここからたもので、本来は二十歳を指した言葉であった。**だから「弱冠十八歳」とか「弱冠三十歳」といった言い方は、弱冠の本来の意味からいえば、おかしいということになる。

現在、「弱冠」は二十歳に限定せず、年が若い、若くしてといった意味で使われているが、「弱冠四十歳で…」「弱冠五十歳で…」となると、受け入れがたい。弱冠が使えるのは三十代までだろう。

# 85 十分《じゅうぶん》

## どうして完全という意味になるのか

ものごとが完全である。満ち足りている。そうした状態を「十分」という。「分」という字には、分《わ》ける、区別するといった意味がある。「十」は数字の十のことである。その二つの語から成る「十分」は、どうして完全であることを意味するのか。

「桜が五分咲《ぶざ》き」といった言い方をする。それは満開の桜を十とし、その十等分のうちの五分という意味である。**一つのものを十に分け、その十に分けたもののうちの十、すなわち全部、それが「十分」である。だから「十分」は、完全である、満ち足りているといった意味になるわけである。**

「十二分《じゅうにぶん》」という言葉がある。「十分」で完全である。だから「十二分」だと、十分過ぎるという意味になる。

86

# 襲名《しゅうめい》

## 名を襲《おそ》って取るから「襲名」？

歌舞伎俳優や落語家などが、親または師匠などの名をつぐことを「襲名」という。襲撃、襲来、急襲などの「襲」は、おそうことを意味する。襲名の「襲」も本来はその意味だったのだろうか。すなわち「襲名」は、もともとは名をおそって取ることを意味していたのだろうか。

**「襲」には、おそうという意味のほかに、つぐ、受けつぐといった意味がある。襲名の「襲」はその後者の意味であり、「襲名」とは名をつぐという意味である。**「世襲」という言葉があり、家の職業や財産などを子孫が代々受けついでいくことをいうが、その「襲」もつぐ、受けつぐという意味である。

87

# 出張《しゅっちょう》

## なぜ「張」の字を含んでいるのか

職務のため臨時に外部へでかけることを「出張」という。「出張」は訓読みすると「でばり」と読めるが、実は古くに「出張《でばり》」という言葉があった。この「出張《でばり》」を音読みしたのが「出張《しゅっちょう》」である。

その昔、戦いのために他所へ出向き陣を張ることを「出張りする」といい、「出張り」は本城から離れて別に設けた城や砦《とりで》などの意味にも用いられ、転じて、出向いて営業・事務をする所、支店という意味に用いられるようになった。

「出張《でばり》」を音読みした「出張《しゅっちょう》」も、「出張《でばり》」とほぼ同じ意味で用いられ、「出張《でばり》」と「出張《しゅっちょう》」は近世末まで並用された。だがやがて「出張《しゅっちょう》」のほうが一般化し、「出張《でばり》」は使われなくなってしまった。

88

# 正午《しょうご》

## 「午」とは何ぞや

昼の十二時のことを「正午」という。「午」という字は「午前」「午後」にも使われているが、それはいったい何なのか。

「午」という字は一説に杵《きね》の形をした器の象形文字という。十二支の一つに用いられ、「午《うま》」と読む。昔は時刻を十二支で表わした。夜中の十二時前後の二時間を「子《ね》」の刻《こく》とし、順に二時間ずつを「丑《うし》」の刻、「寅《とら》」の刻、「卯《う》」の刻…とした。**そうすると昼の十二時前後の二時間は「午《うま》」の刻となる。すなわち十一時から十三時までが「午の刻」で、そのまんなかの十二時は、正《まさ》に午の刻である。だから「正午」と呼ばれるようになった。**その正午の前が「午前」、後が「午後」というわけである。

さ行

## 89 小説《しょうせつ》

### 長い作品もあるのになぜ「小説」？

小説のなかには長編もある。たとえば中里介山の『大菩薩峠』や、山岡荘八の『徳川家康』などはたいへん長く、川のように長く続くものは「大河小説」と呼ばれている。短さ、長さに関係なく「小説」という。ではなぜ「小説」なのか。

古代中国で、稗官《はいかん》という小役人がいて、王が世情風俗を知るために、民間の伝説、物語を探り、それを書きとめ奏上した。それらの伝説や物語を稗史《はいし》という。**「小説」という語は稗史からでたもので、もともとは市中の出来事や話題など、取るに足りない内容のものを意味していた。すなわち小説の「小」は、価値がないことを意味する語である。**

日本でも「小説」は、市中の出来事や話題を記した散文体の意味で用いられていたが、現在使われている「小説」は、作家の構想に基づき、時代思想・社会・人間性などを登場人物の心理・性格などを通して表現した文学をいう。

90

# 消息《しょうそく》

「息《いき》が消え」て死んだら手紙は書けないが…

手紙（たより）のことを「消息」ともいい、「消息」には無事かどうかなどの様子という意味もある。「息」には「いき」（呼吸）という意味がある。その意味で「消息」を解釈すると、「消息」は「息《いき》が消える」、つまり死ぬことを意味することになってしまう。死んだら手紙は書けない。実は消息の「息」はいき（呼吸）のことではないのだ。

「息」には生きている、生きながらえているという意味がある。消息の「息」はその意味で、「消」は消える（＝死ぬ）ことを意味する。「消息」とはすなわち死と生＝「生《い》き死《し》に」（生きることと死ぬこと）のことで、そこから移り変わり、変化、人の動静・様子などの意味が生まれ、また様子を人に知らせるということから手紙（たより）を意味するようになったと考えられている。

91

# 丈夫《じょうぶ》

## 「丈」と「夫」はそれぞれ何のこと?

健康であること、たいへんしっかりしていることを「丈夫」「大丈夫」などという。**その「夫」は男性を意味し、「丈」は長さの単位である。**

中国の周の時代の制度では、八寸を一尺とし、十尺を一丈としていた。尺や丈の長さは昔と今とでは異なるが、**周代の一丈は約一・七メートルで、成人男性の標準身長とされていたという。そこで一人前の男性のことを「丈夫」と呼ぶようになり、そのなかでもとくに立派な男性のことを「大丈夫」と呼んだ。**

現在では、両方とも意味が変化し、「丈夫」は健康である、こわれにくいという意味に用いられており、「大丈夫」のほうは大いに健康である、あぶなげがない、確かであるといった意味に使われている。「夫」は本来は男性のことだが、「丈夫」「大丈夫」は性別に関係なく用いられている。

92

# 食指《しょくし》

## なぜ「食指（＝人差し指）が動く」のか

食べものを前にすると、思わず唾《つば》がでる。**中国のある人物は、御馳走が食べられると思うと、食指が動いたという。「食指」は人差し指の事である。**

中国の史書『春秋左氏伝《しゅんじゅうさしでん》』にこんな話がのっている。春秋時代のあるとき、楚《そ》の国の人が大きなスッポンを鄭《てい》の国の霊公《れいこう》に献上した。霊公の若君の子公《しこう》と子家《しか》が参内《さんだい》しようとすると、子公の食指がぴくりと動いた。子公はそれを子家に見せて、「今までこういうことがあると、必ず珍味にありつけた」といった。そして、二人が参内したところ、料理人がなんとスッポンを調理していたので子公と子家は顔を見合わせて笑った。

この話にはまだ続きがあるが、**この故事から、「食指が動く」という言葉が生まれた。それは本来は御馳走の予感をいったものであった。転じて、食欲が起こる、あるいはものごとを求める心が起こることを意味するようになった。**

さ行

93

# 処女《しょじょ》

## 家にいるからバージンとは限らない

「処女」という言葉は、性的経験のない女性の意味に用いられている。明治三十五年(一九〇二)、四国の讃岐鉄道が女子社員を採用したが、その採用資格の一つに「品行方正の処女たるべき」こととあった。ある人がそのことに言及し、「処女、非処女の区別はどうして決めたのであろうか?」と疑問を呈している。性的経験があるかないかは、見た目では判断できない。その人は採用資格の「処女」を性的経験のない女性という意味にとっているから、そうした疑問が生じたわけだが、その「処女」はそういう意味ではない。

**処女の「処」は、「〜に居《い》る」という意味で、「処女」とは本来は結婚しないで親の家にいる女性のことである。**右の採用資格の「処女」はその意味である。親の家にいて、まだ未婚だからといって、バージンとは限らないが、「処女」は今日では本来の意味から離れ、もっぱら性的経験のない女性の意味で用いられている。

## 94 除《じ》夜《や》

### 大晦日の夜がなぜ除夜？ 夜を除くとは？

大晦日（十二月三十一日）の夜のことを「除夜」という。その夜の十二時をはさんで寺院では鐘を鳴らす。それを「除夜の鐘」という。鐘をつく回数は一〇八回。それは煩悩《ぼんのう》の数にもとづいているといわれている。一〇八回鳴らすことで、一〇八の煩悩を払い落とす。除夜の鐘は「一〇八の鐘」ともいう。

一年の最後の日、大晦日。その夜のことをなぜ「除夜」というのか。『下学《かがく》集《しゅう》』（室町時代）という国語辞典に、「除夜」について「臘月《ろうげつ》（十二月）の最後の夜を指す。この夜、旧年を除くのでそのようにいう」とある。旧年（古い年）を除き去って新しい年を迎える。除き去る夜だから「除夜」。「除夕《じょせき》」ともいう。

## 95 師走《しわす》 どうして「師が走る」のか

十二月のことを「しわす」ともいい、「師走」という漢字を当てる。師走、すなわち師が走る。その「師」は何を指しているのか。なぜ「師」が走るのか。

「しわす」は古くは「しはす」といった。平安時代後期に成立した国語辞書『色葉字類抄《いろはじるいしょう》』に、「しはす」について「俗に、師馳《しは》するの釈あり」とある。当時、世間では「しはす」は「師馳す」、すなわち師が馳《は》せ走ることを意味するという解釈があったというのである。その師については、師僧を指すとの見方がある。**経をあげるために師僧が東西を馳せ走る月なので、しはす（師馳す）というわけである。**

「しわす」（しはす）という日本語の語源については、ほかにもいくつかの説があるが、室町時代のころには漢字では「師趨《しはす》」と書かれていた。その後、「師走」と表記されるようになり、それが現在に至っている。

# 96 紳《しん》士《し》

## 「紳」は何を意味しているのか

上品で礼儀正しい立派な男性を称して、「紳士」という。ただし紳士服、紳士靴などの「紳士」は単に大人の男性という意味である。

**「紳」という字は礼装に用いる帯（大帯）を意味する。その帯をした人がすなわち「紳士」である。**

官位が高く身分のある人のことを昔は「搢紳《しんしん》」といった。「搢《しん》」は、さしはさむことを意味する。何をさしはさむかといえば、それは「笏《しゃく》」である。帯（大帯）に笏をはさむ。それが「搢紳」の本来の意味。**公の席にでるとき、高官の人たちは大帯を締め、笏をさしはさまなければならなかった。そこから「搢紳」は官位の高い人、身分の高い人を意味するようになった。「紳士」はそれに由来する言葉である。**

97

# 心中《しんじゅう》

## 相愛の男女が一緒に死ぬことがなぜ「心の中」？

相愛の男女が合意のうえで一緒に死ぬことを「心中」という。その「心中」は「心の中」とも読めるが、「心中」という言葉は、もともとは心の中、心の底、胸中を意味した。転じて、「心中」は相愛の男女が相手に真心を示すという意味にも用いられるようになった。

**相愛の男女が自分の真情を形にあらわし、証拠として相手に示すことを「心中を立てる」「心中立て」といった。**江戸時代、遊里で始まったもので、遊女たちが自分の愛情の変わらないことを示すために、髪を切ったり、指を切ったり、入れ墨をしたり、爪をはがしたりした。**心中立ての、もっともエスカレートしたのが情死、すなわち一緒に自殺することである。それを心中死《じに》ともいった。そこから「心中」という言葉に、一緒に死ぬと言う意味が生まれることになる。**

98

# 尋《じん》常《じょう》

## 「ごく普通なこと」が、なぜ「常に尋ねる」に？

「尋常」は、特別でなく、ふつうのことをいう。「尋」という字には、たずねるという意味があるが、「尋常」にはどうして「尋」の字が使われているのだろうか。

「尋」の正字は「尋」で、その「彐」と「工」を組み合わせると「左」、「口」と「寸」を組み合わせると「右」になる。じつは「尋」という字は、「左」と「右」からなる会意文字なのである。

「尋《じん》」は左右の手を横にひろげたその端から端までの長さを意味する。中国では周代まで「尋」は長さの単位（周尺で八尺）として用いられていた。また「常《じょう》」という長さの単位もあり、「尋」の二倍の長さであった。**「尋」も「常」もありふれた長さである。そこで「尋」と「常」からなる「尋常」は、ふつうという意味になった。**左右に手をひろげて測るところから、転じて、「尋」はたずねるという意味に使われることになるが、尋常の「尋」にはその意味ではない。

さ行

99

# 親《しん》切《せつ》

## 親を切って、なぜ親切なのか？

「親」という字は「立」「木」「見」に分解できる。「親」は、「木」の上に「立」ち、いつも子供を「見」守っていることを表わしている。年配者のなかには、この字をそのようにして覚えた人もいるだろう。「親」という字には、したしいという意味があり、思いやりが深いことを「親切」という。「親切」は「親を切《き》る」とも読めるが、親を切るのがどうして思いやりが深いのか。

じつは親切の「切」は、切るという意味ではない。「切に望む」といった言い方をする。その「切に」は、どうしてもと強く思う様子を表わした副詞で、心から、心底からという意味である。親切の「切」もそれと同じような意味であり、親しさ、思いやりの程度が激しいことを表わしている。

「大切」という言葉がある。この「切」も切《き》るという意味ではない。この「切」はせまる（迫《せま》る）という意味であり、「大切」は本来は大いに切ることをいう。

100

# 陣《じん》痛《つう》

## 出産時の痛みを表す「陣痛」の「陣」は何？

出産の際に起こる妊婦の腹の痛みを「陣痛」という。その痛みは経験した人でないとわからない。かなりひどい痛みがある。陣痛の原因は、胎児を外へだそうとして起こる子宮の筋肉の収縮である。

分娩のときの痛みをなぜ「陣痛」というのだろうか。「陣」という字は、陣地、陣営、陣列、陣中、出陣など、軍隊や戦いの意味に用いられることが多い。「陣」は本来は、並べる、連ねることを意味する。そこから軍隊を並べる、軍隊の配置、軍隊がいる場所、戦いなどの意味が生まれた。

**陣痛の「陣」は、軍隊や戦いの意味ではない。「陣」には、ひとしきり、にわかなどの意味もある。「陣痛」の「陣」はその意味である。**「一陣の風」は風がひとしきり吹くこと。

さ行

101

# 親展《しんてん》

## 親が開封する手紙のこと？

宛名の脇に、「親展」と書かれた手紙（封書）を受け取ることがある。親展の「展」は、ひらく、あけるという意味だが、「親」を親《おや》のことだと誤解し、子供にきた親展の手紙を親が開封してしまったりする人もいるらしい。親展の「親」は、親《おや》（父母）の意味ではない。

**「親」という字には、自分から、みずから、自分自身という意味がある。「親展」とは、宛名の人自身が開封してくださいということを意味している。**逆にいえば、「親展」は宛名以外の人が開封することを禁じた言葉ともいえる。

みずからを意味する「親」を含んだ言葉として、ほかに「親告」「親書」「親政」などがある。

102

# 心《しん》頭《とう》

## その「頭」はアタマではない

「怒り心頭に発す」という言い方があり、激しく怒ることをいう。その「心頭」は、心、あるいは心のなかを意味する。「心頭を滅却すれば火もまた涼し」ということわざがある。どんな苦痛も、その境遇を超越して心にとめなければ、感ずることはなくなるといった意味。その「心頭」も心を意味する。

「心頭」は、心のことで、「心」と「頭《あたま》」のことをいったものではなく、「怒り心頭に発す」も、怒りが「心」と「頭」に発するということではない。では「頭」は何を意味しているのか。

心頭の「頭」は、人間や動物などの頭《あたま》のことではない。「頭」には、ほとり、あたりといった意味がある。店さきを意味する「店頭」、心のなかを意味する「念頭」、道ばたを意味する「路頭」などの「頭」はその意味だが、「心頭」の「頭」も同様である。

さ行

## 103 新米《しんまい》

### 新人のことをなぜ「新しい米」と言うのか

その年に新たに収穫した米のことを「新米」という。また「新米」という言葉は、新参者、未熟者、駆けだしといった意味に用いられている。

**「新米」が新参者という意味になったのは、一説に「新前《しんまえ》」に由来するといわれている。**その昔、米屋や八百屋などの商人は前掛けをしていたが、江戸時代、商家に就職した奉公人は新しい前掛けをした。そこから新参者は「新前《しんまえ》」と呼ばれるようになり、語感や響きが似ているところから、転じて「新米《しんまい》」になったという。

104

# 青春《せいしゅん》

## なぜ「青い春」なのか

年が若くて元気な時期（年齢でいえば十代後半から二十代前半）を「青春」という。その時期はまさに人生の春だが、なぜ「青い春」なのだろうか。

「青春」という言葉は、中国古代の思想である陰陽五行説《いんようごぎょうせつ》からきている。**陰陽五行説では、春・夏・土用・秋・冬の五つの季節に、青・赤・黄・白・黒の五つの色が対応している。すなわち「春」は「青」色であり、だから「青春」である。**夏を表す「朱夏《しゅか》」（赤→朱）、秋を表わす「白秋《はくしゅう》」、冬を表わす「玄冬《げんとう》」（黒→玄）という言葉もそこからきている。

さ行

105

# 生《せい》前《ぜん》

## 死ぬ前だから「死前」が正しい？

亡くなった後のことを「死後」、生きているあいだのことを「生前」という。死んだ後のことを「死後」というのはよくわかるが、生きているあいだがどうして「生前」なのか。生きているあいだとはつまり「死ぬ前」であり、死ぬ前であれば「死前」というべきではないのか。

生きているあいだのことを「生前」という理由については、いくつかの説がある。一説に、**「死後」の反意語として、「死」⇔「生」、「後」⇔「前」の対応から、「生前」というようになったという。**

「前」（ぜん、まえ）という語には、すでに経過したとき（＝過去）という意味がある。**「生前」とは、生きていたときである過去、生きていた状態にあった過去のことを意味しているという説もある。**

106

# 関取《せきとり》

## 相撲取りはなぜ「関取」なのか

相撲取りのことを「力士」、または「関取」という。だが力士＝関取ではない。力士は相撲取りの総称。ただしアマチュア相撲の選手は力士とはいわない。関取は相撲取り＝力士の一部を指す。

相撲取りには、下から順に、序の口、序二段、三段目、幕下、十両、前頭、小結、関脇、大関、横綱という位がある。そのなかの十両以上の力士が「関取」と呼ばれている。

古くは最強の力士を「最手《ほて》」と呼んでいた。**室町時代になると、最強力士は「関」と呼ばれ（その「関」は、関門を意味するという）、相手をことごとく破ったとき「関を取る」といった。そこから「関取」という言葉が生まれた。**その関取に敬称の「大」の字をつけ、真の最強者を表わした。それがすなわち「大関」である。明治時代の半ばまで、番付では大関が最高位であった。

さ行

107

# 赤貧《せきひん》

## 貧しさに色があるのか

何ひとつもっていないほどのひどい貧乏のことを「赤貧」といい、「赤貧洗うがごとし」ということわざがある。「赤」という字は赤い色を意味するが、赤貧の「赤」は赤い色のことではなく、何もないという意味である。では赤い色を意味する「赤」に、どうして何もないという意味があるのか。

「赤」の字源・意味について、次のような説がある。**「赤」は「大」と「火」を組み合わせたもので、人が火を浴びていることを表わしている。それは穢《けが》れのある者に対する懲罰的な穢れをはらう儀式と見られている。火を浴びせるその儀式によって、穢れがはらわれる。すなわち清められる。そこから、何もないという意味が生まれた。**

「赤裸《せきら》」の赤も同様に、体に何も付けていないこと、包み隠さないこと、むき出しであることを意味する。

108

# 折檻《せっかん》

## 体罰を加えることがなぜ「檻《おり》を折る」なのか

子供がいうことを聞かないときなど、親が子供に体罰を加えたりすることがある。そうしたことを「折檻」と呼んでいる。だが「折檻」という言葉はもともとはそういう意味ではなかった。

『漢書《かんじょ》』にこんな話が載っている。前漢の成帝《せいてい》（前三三～前七在位）のとき、成帝が師の張禹《ちょうう》を重んじ、張禹が権勢をほしいままにしていたので、朱雲《しゅうん》という硬骨漢が張禹を重用することを強くいさめた。成帝は激しく怒り、朱雲を宮殿からひきずりおそろうとした。朱雲は宮殿の檻《てすり》につかまり抵抗し、そのため檻が折れてしまった。「折檻」という言葉は、この故事からでたものである。

**「折檻」は檻《てすり》を折ることをいい、右記の故事の意味から、厳しく意見する、強くいさめることを意味する。今日、「折檻」は体罰の意味に用いられているが、この言葉には本来はそうした意味はなかった。**

109

# 摂《せっ》氏《し》

## なぜ「氏」がついているのか

温度を表わす単位に「摂氏」と「華氏《かし》」があり、日本では摂氏のほうがよく用いられている。摂氏（C）は一気圧の状態で、氷の融点を〇度、水の沸点を一〇〇度とした温度のことで、一七四二年、スウェーデンの天文学者のセルシウス（Celsius）の考案による。一方、華氏（F）は氷点を三十二度、沸点を二一二度とした温度目盛りで、一七一四年、ドイツの物理学者ファーレンハイトが考案したもの。

**「摂氏」「華氏」の単位名は、それぞれの温度目盛の考案者の中国名からきている。セルシウスは中国語では「摂爾修」、ファーレンハイトは「華倫海」と表記する。その頭文字に「氏」をつけたのが「摂氏」「華氏」である。**

110

# 雪《せつ》辱《じょく》——なぜ「雪」が使われているのか

試合・競技などで、前に負けた相手に勝って、負けた恥を消し去ることを「雪辱」といい、その戦いを「雪辱戦」などという。雪辱という言葉には「雪」という字が使われている。漢字の「雪」は空から降ってくるゆきを表わす字だが、だからといって「雪辱」は雪のなかでの戦いからでた言葉ではない。

**「雪」には、すすぐ、ぬぐうなどの意味がある。雪辱の「雪」はその意味であり、雪辱とは、辱《はじ》をすすぐことを意味する。**では「雪」にはどうしてそんな意味があるのか。

それについては一説に、「雪《せつ》」の音が「刷《さつ》」「拭《しょく》」の音に近いため、それらに通用し、「刷」「拭」がもっているぬぐうという意味を、「雪」ももつようになったという。雪はゴミなどを洗い清めてくれる。そこからすすぐ、ぬぐうなどの意味が生まれたとみる説もある。

さ行

111

# 絶《ぜつ》倫《りん》

## 倫《りん》を絶する―その「倫」とは？

週刊誌やスポーツ紙などで、「絶倫」という言葉をよく目にする。そこでは「絶倫」は男性の精力（性力）の強さを意味する言葉として用いられている。だがこの言葉には本来そういう意味はない。辞書を引いてみればわかるが、そんな意味は載っていないはずである。

**絶倫の「倫」は、仲間、同類を意味する。「絶倫」とは、倫（＝仲間）を絶する、すなわち仲間内で技術・力量などがすぐれていること、群を抜いていることをいう。**性交能力や性交持続力がすぐれていることをいったものではない。「絶倫」だけでは抜群であることだけしか意味しない。したがって「精力絶倫」と書けば、精力が抜群であることを意味することになる。

# 世論《せろん・よろん》

## 「せろん・よろん」の二つの読み方がある理由とは

「世論」には、「せろん」「よろん」の二つの読み方がある。上の字を訓読みし、下の字を音読みするのを湯桶読《ゆとうよ》みという。「世論」を「よろん」と読むと、湯桶読みになってしまうが、「よろん」という読み方は間違いというわけではない。

「輿論《よろん》」という言葉があり、戦前まで使われていた。「輿」は乗りもののこしのことで、この字には世間一般、多数といった意味があり、世間一般の人々の意見を「輿論」という。昭和二十一年（一九四六）、公に使う漢字として当用漢字が制定され、「輿」は当用漢字ではなくなったため使えなくなり、「輿」を「世」の字で代用し、「輿論《よろん》」は「世論《よろん》」と書き換えられた。

一方、「世論」と書いて「せろん」と読む言葉も古くからあった。つまり「世論」**はもともとは「せろん」で、それを「輿論」との関係から「よろん」とも読むようになったわけである。**

113

# 世《せ》話《わ》

## 「面倒をみる」ことがなぜ「世の話」なのか

「世話」には面倒を見る、面倒をかけるなどの意味があり、面倒を見ることを「世話を焼く」などという。だが「世話」の字面からは、そうした意味を読み取るのはむずかしい。

「世話」という言葉は室町時代のころから見えるが、当時は世間の人がする話、世間で話される日常の言葉などの意味で用いられていた。それが転じて、江戸時代には日常的、庶民的といった意味に用いられ、浄瑠璃・歌舞伎では町人社会のできごとや人物に取材した作品を「世話物」(略して「世話」)といった。

また江戸時代には「世話」が面倒を見る、面倒をかけるという意味で用いられるようになる。どうしてそんな意味が生まれたのか。**「せわしい」という言葉があり、忙しいことを意味する。その「せわしい」の「せわ」から、面倒という意味になったのではないかと考えられる。**

114

# 善玉《ぜんだま》

## どうして「玉」なのか

善人のことを「善玉」、悪人のことを「悪玉《あくだま》」などという。それらの言葉は江戸時代の読みものに由来する。

江戸時代、草双紙《くさぞうし》（絵草紙《えぞうし》）という絵入りの通俗小説があった。その種の小説の挿《さ》し絵では、善人・悪人の顔を丸《まる》（◯）で表現した。目や鼻などは描かずに、顔を単に「◯《まる》」で表現し、その丸のなかに、**善人は「善」、悪人は「悪」の字を書いて表わした。すなわち㊟㊟と表現した。**

**◯＝丸《まる》（玉《たま》）に「善」「悪」で、善人・悪人。そこから善人のことを「善玉」、悪人のことを「悪玉」と呼ぶようになった。**

さ行

115

# 相《そう》殺《さい》

## 相手を殺すのは「相殺《そうさつ》」

「相殺」は読み方によって意味が違ってくる。「相殺《そうさつ》」だと、互いに殺し合うことを意味する。また二つのものが競合して互いにその持味や特色を損ねてしまうことをいう。

「相殺」と書いて「そうさい」とも読む。互いに差し引いて、双方に損得のないようにすることをいう。「相殺《そうさい》」は字面からは、相手を殺《ころ》すとも読めるが、その「殺」は、ころす、生命をうばうという意味の「殺」ではない。「殺」という字には、そぐ、けずる、へらすといった意味もある。相殺の「殺」はその意味である。

# 116 草々《そうそう》

## 「前略」の手紙の結びはなぜ「草々」か

手紙で、前文を略して、いきなり主文に入る場合、「前略」「冠省」などの言葉ではじめ、末尾に「草々」という言葉を添える。「草々」は手紙以外では用いることはほとんどないが、なぜ「草々」なのか。

「草」という漢字は、植物の「くさ」を意味するが、「草々」の「草」はくさのことではない。「草」には、そまつ、あらい、はじめなどの意味があり、草ぶきの粗末な家を「草庵」「草堂」などという。**「草」には、またあわただしいという意味もあり、その意味を含んだ言葉の一つが「草々」である。**「草々」は急いで書いたので、丁寧でないことを意味する。あわてて書いたために、粗略な文面になってしまい申し訳ありませんという気持ちをこめた言葉である。

「前略」「冠省」ではじめる手紙の結びの言葉としては、ほかに「不一」「不備」「不尽」などがある。いずれも十分に意を尽くしていないということを意味する。

さ行

117

# 息災《そくさい》

## 無事・達者を意味するのになぜ「災」なのか

何事もなく達者であることを意味する「息災」は、「無病息災」あるいは「無事息災」として使われることが多い。「息」と「災」はどちらもふだんよく使う漢字だが、その二字からなる「息災」は、どうして無事・達者を意味するのだろうか。

**「息」という字には、やめる、しずめる、とめるといった意味がある。「息災」はもともとは仏教語で、仏の力によって災難を消滅させることを意味する。それが転じて、無事・達者の意味になった。**

息災日《そくさいにち》なるものがある。何ごとをしても吉であるとされる日のこと。春は巳《み》の日、夏は申《さる》の日、秋は辰《たつ》の日、冬は酉《とり》の日が息災日ということになっている。

118

# 退《たい》屈《くつ》

## 退《しりぞ》き屈《くつ》するのがなぜ「たいくつ」なの？

「退屈」は、ものごとに飽きていやになることの意味で用いられている。だが退屈の「退」や「屈」には、飽きるとか、いやになるといった意味はない。では「退屈」はどうして飽きていやになることを意味するのか。

**退屈は「退き屈する」と読める。じつはそれが「退屈」の本来の意味である。「退屈」はもともとは仏教語であり、修行の苦しさ、難しさに、仏道を求める心が退き屈することをいう。**そこから気力が衰える、いやになるなどの意味が派生し、さらに転じて、何もすることがなくて暇をもてあますといった意味に用いられるようになった。

退屈さをまぎらすことを「退屈しのぎ」という。この言葉は江戸時代以前には用例が見えない。「退屈まぎれ」「退屈気《げ》」「退屈顔」なども同様である。

119

# 大《だい》事《じ》

## 「大事」の元が「一大事」とは？

「大事」に「一」がついた「一大事」という言葉がある。「大事」は非常に重要なことがら、たいへんなことを意味し、一大事は大切なことがら、もっとも大きな事件などの意味に用いられている。「大事」「一大事」はもとは仏教語である。『法華経』の一節に「諸仏世尊はただ一大事因縁をもっての故に、世に出現す」とある。「一大事」はその「一大事因縁」に由来する。一大事因縁とは、仏がこの世に出現するにあたって目的とした最大の理由（因縁）のこと。その理由とは、仏の知恵を人々に教え聞かせ、理解させ、悟らせることであり、それがつまり「一大事」である。

**そんなところから「一大事」は大変なこと、大切なことなどを意味するようになった。その「一大事」から「一」がとれたのが「大事」である。**

120

# 台風《たいふう》

## なぜ「大風」ではないのか

熱帯地方に発生する低気圧のうち、北西太平洋に発生し、中心付近の最大風速が一七・二メートル／秒以上の強い風を伴うものを「台風」と呼んでいる。台風は強い風、大きな風を伴っている。だが台風の「台」には、強いとか、大きいとかいう意味はない。それなのにどうして「台風」というのか。

その昔、台風のことを「野分《のわき》」といった。また江戸時代には「颶風《ぐふう》」、あるいは「颱風《たいふう》」と呼んでいた。両語とももともとは中国での呼称で、「颱」の語源については、一説に台湾地方を来襲する暴風を意味するといわれている。

明治時代には「大風」「タイフーン」などと呼ばれ、明治時代末から「颱風」という言葉が用いられるようになり、以後それが一般化した。ところが昭和二十一年（一九四六）に当用漢字が制定され、「颱」の字が使えなくなったことから、「台」の字で代用し、「台風」と書くようになった。

た行

121

# 大《たい》枚《まい》

## なぜ大金を意味するのか

「大枚を投じて、○○を手に入れた」などという「大枚」は、多額のお金、すなわち大金を意味する。この「大枚」という言葉はもともとは形が大きいことを意味していたが、江戸時代には大金の意味に用いられた。

**多額のお金のことを「大枚」というのは、昔の中国の銀貨からきている。その昔、中国には餅銀《へいぎん》と呼ばれたお金があった。餅《もち》のような形をした銀塊で、貨幣として用いられた。その餅銀の大きなものを「大枚」といった。**その「大枚」の「大」は大きいことを意味していたのだが、転じて、「大枚」は多額のお金、たくさんのお金の意味になった。また昔は濁って「だいまい」ともいった。

122

# 松明《たいまつ》

## なぜ「たいまつ」と読むのか

「松明」は「たいまつ」と読む。松、竹などを束ねて火をつけ、照明とするものを「たいまつ」といい、「松明」という漢字が当てられている。「松明」は音読みすれば「しょうめい」だが、「たいまつ」を漢字表記したものなので、「松明」は「たいまつ」と読む。松は脂分《あぶら》が多く、古くから照明の材料としてよく用いられてきた。

なぜ「たいまつ」というのか。「たいまつ」の語源は「焚《た》き松」と考えられている。脂分の多い松を束ねて火をともし、明かりとした。すなわち松を焚くので「焚《た》き松」。その「き」が「い」に音便化して、「たいまつ」となり、松の明かりなので、「松明」という漢字を当てたのである。

123

# 山車《だし》

## 祭りの飾り物を積む車になぜ「山」が？

祭りのとき、種々の飾りものをつけた屋台を引いたり担いだりする。その屋台のことを「だし」、あるいは「だんじり」「鉾《ほこ》」「山《やま》」などともいう。「だし」と呼ぶのは、屋台から飾りものの一部を外に垂れ出させていたことによるという説がある。

「だし」は「山車」と漢字表記される。それはいわゆる当て字なのだが、なぜ「山車」なのか。その「車」が屋台を指していることはわかるが、「山」は何を意味しているのか。それについてはいくつかの説があるが、一説に**飾りものが山の形をしていることから「山車」という漢字を当てるようになったという。**花を飾ることから「花だし」ともいい、「だし」に「花車」の漢字を当てることもある。

124

# 達者《たっしゃ》

## それがどうして元気、健康を意味するのか

「年はとってもまだまだ達者である」の「達者」は、体が丈夫であることを意味する。だが「達」「者」のいずれの字にも、もともとそのような意味はない。

**「達者」は本来は、学術や技芸の道に熟達した人、その道をきわめたすぐれた人をいう。また仏教では「達者」は、真理に到達した人、悟りを得た人の意味に用いられている。**

**ところが室町時代のころから、「達者」には二つの意味が加わることになる。一つは、したたかという意味である。そしてもう一つが体が丈夫である、元気であるという意味。**今日、「達者」という言葉はその意味で用いられることが多いが、それは本来の意味ではなく、後に派生した意味であった。

た行

125

# 谷町《たにまち》

## なぜ贔屓《ひいき》客を意味するのか

贔屓客のことを相撲界では「谷町」と呼んでいる。隠語なので小さな辞書には載っていない。「谷町」は地名のような名だが、実際、それは地名からきている。では地名がなぜ贔屓客を意味するのか。

**明治時代、大阪府南区谷町に相撲好きの医者がいた。**この医者は力士をかわいがり、怪我や病気の面倒をよく見てくれた。その医者は一説に萩谷義則《はぎたによしのり》という人だという。明治三十五年（一九〇二）に亡くなっているが、**贔屓客、後援者を意味する「谷町」は、その医者の住んでいた地名に由来する。**

126

# 駄目《だめ》

## それはどんな目なのか

「駄目」には、やってもむだ、とてもできない、してはいけない、役に立たないなど、いくつかの意味がある。子供がよくないことをすると、「駄目！」といって、やめさせ、時計がこわれると「時計が駄目になった」などという。

「駄目」とはいっても、その「目」はものを見るための器官としての「目」のことではない。**「駄目」は囲碁からでた言葉で、碁石の周囲または境界にあって、どちらにも属しない空間をいう。そこから効きめがない、してはならないといった意味が派生した。**

「駄目を押す」という言い方があるが、駄目を詰めてふさぐのが「駄目を押す」で、転じて、念を押す、確かめておくという意味に用いられるようになった。演劇の世界では、演技上の注意を与えることを「駄目をだす」という。

127

# 啖呵《たんか》

## 啖呵はなぜ「切る」のか

鋭くて歯切れのよい言葉を「啖呵」といい、そうした言葉で述べたてたり、ののしったりすることを「啖呵を切る」という。日常よく使われる言葉だが、そもそも「啖呵」とは何ぞや。

「痰火《たんか》」という言葉がある。咳《せき》を伴い激しく痰のでる病気、またはその痰のことをいう。**「啖呵を切る」の「啖呵」は一説に「痰火」からきているという。痰のでるその病気を治療するのを「痰火を切る」といい、この病気が治ると胸がすっきりする。そこから、胸がすくような鋭く歯切れのよい口調で話すことを「啖呵を切る」というようになったと考えられている。**ちなみに「啖」という字は、食《く》うこと、むさぼり食うことを意味し、「呵」は、しかること、せめることを意味する。

128

# 単《たん》車《しゃ》

## 二輪車なのになぜ「単車」なのか

四輪の自動車に対して、エンジンつきの二輪車（オートバイ）のことを「単車」とも呼んでいる。オートバイは二つの車で走っている。それなのにどうして「単車」というのだろうか。古いオートバイは後ろに人を乗せることができず、一人乗りだったから、単車と呼ばれるようになったのか。

「単車」という名の由来については、一説に次のようにいわれている。昔のオートバイはサイドカーつきのものが主流で、サイドカーをはずしたものはソロ（一人乗り）と呼ばれていて、サイドカーのない単独の車という意味から、「単車」と呼ばれるようになったという。

た行

129

# 淡《たん》泊《ぱく》

## なぜ「泊」の字が使われているのか

味や色などがしつこくないこと、さっぱりとして欲がないことを「淡泊」といい、「淡泊な味」「淡泊な性格」などと用いる。「淡白」と書くこともあるが、「淡泊」が一般的な書き方である。

**「淡」という字には、あわい、うすいといった意味がある。**一方、「泊」には、とまる、とめるという意味があり、外泊、宿泊、停泊などの「泊」はその意味である。だが淡泊の「泊」はとまるという意味ではない。**「泊」には、心が静か、さっぱりしている、あっさりしているといった意味がある。淡泊の「泊」はその意味である。だから「淡」と「泊」からなる「淡泊」はあっさりしていることを意味するわけである。**

「淡泊」と同音同訓の語に「澹泊《たんぱく》」がある。その「澹」は、あわいことを意味する。

130

# 痴漢《ちかん》

## 「漢」はどうして男性なのか

「痴漢」という言葉は江戸時代にも使われているが、江戸時代には「痴漢」は愚かな男、馬鹿者を意味していた。今日ではこの言葉はもっぱら婦女子にみだらなことをする男のことを意味する。

ところで痴漢の「漢」は男性を意味する。好漢、酔漢、無頼漢などの「漢」も同じである。「漢」という字はどうして男性を意味するのか。

**「漢」はもともとは川の名前で、長江の支流の「漢水」のことであった。**そしてその流域の地は「漢」と呼ばれ、その地の王であった劉邦《りゅうほう》が紀元前二〇二年に秦《しん》を滅ぼして王朝を建てた。その王朝は「漢」と呼ばれ、のちに「漢」は中国の意味にも使われるようになった。

**四、五世紀ごろ、北方の異民族が漢民族の男子を「漢子」と呼ぶようになった。そこから「漢」は男性という意味をもつようになったといわれている。**

た行

131

# 馳《ち》走《そう》

## おいしい料理をなぜ「御馳走」というのか

おいしい料理、あるいはおいしいもので客をもてなすことを「御《ご》馳走」という。御馳走は「馳走」に、丁寧語の「御」をつけたもので、「馳走」という言葉は本来は文字どおり、走り回ることを意味していた。**客を迎えてもてなす準備のために、あちこち走り回る。それが「馳走」のもともとの意味であった。**用意に奔走することから、やがて歓待、饗応などの意味になり、さらにおいしい食べものの意味に変化した。

食後や、人に御馳走になったあと、「御馳走さま」という。その挨拶の言葉は江戸時代から使われている。

132

# 茶《ちゃ》番《ばん》

## 茶番劇ってどんな劇?

底の見えすいた馬鹿げた行動を「茶番」、あるいは「茶番劇」などという。軽蔑的な意味を含んだ言葉だが、なぜ「茶」なのか。茶とどんな関係があるのか。

**「茶番」は本来は、お客の当番を意味する。江戸時代、芝居小屋で客のために茶の用意や給仕をする者を「茶番」といった。茶番には下っ端の役者があたり、余興に即興の滑稽な寸劇を演じた。それは「茶番狂言」と呼ばれ、やがて一般にも広まっていった。**江戸時代には茶番狂言の手引書も出版されている。

**茶番狂言は略されて「茶番」とも呼ばれた。そして「茶番」は転じて、馬鹿馬鹿しいふるまいを意味するようになった。**

133

# 茶碗《ちゃわん》

## ご飯用の碗がなぜ「茶碗」か

ご飯を盛る碗を「茶碗」と呼んでいる。茶碗だからといって、その碗ではお茶は飲まない。お茶を飲む碗は「湯飲み茶碗」、あるいは「湯飲み」という。ご飯用の碗なのに、なぜ茶碗なのか。

**茶碗はもともとは茶を飲むための碗のことであった。**平安時代、中国から磁器がもたらされたが、茶碗は焼物（陶磁器）を総称する言葉としても使われるようになり、**江戸時代後期ころになると、庶民のあいだに飯茶碗が普及し、茶碗といえば、飯茶碗を指すようになった。**

134

# 中《ちゅう》傷《しょう》

## 中くらいに傷つけるから?

「中傷」は、ありもしない悪口をいって人を傷《きず》つけることをいう。その中傷の「中」は何を意味しているのか。中傷の「傷」は、きず、あるいはいためることを意味する。「中」には、まんなか、ものごとのなかほどなどの意味があるが、「中傷」とはもともとは中《ちゅう》ぐらいの傷をいったものなのだろうか。

「中」という字は一説に旗をかたどった象形文字という。この字には、あたる、あてるという意味がある。的中、中毒、命中などの「中」はその意味であり、中傷の「中」も同様である。「中傷」は、中《あ》て傷つけるという意味である。

135

# 注《ちゅう》文《もん》

## なぜ「注」の字が使われているのか

「注文」は、人に何かを頼むとき、条件や希望をつけることをいう。「注」には、水などの液体をそそぐ、つぐ、さすといった意味があり、「注水」「注入」「注油」などの「注」はその意味である。では「注文」の「注」はどうだろう。その意味で「注文」を解釈すると、文をそそぐという意味になってしまい、何のことかよくわからない。**注文の「注」は記す、記入するという意味。「注」にはそういう意味もある。「文」は文書のことである。**

「注文」は古くは注進《ちゅうしん》の文書のことを意味していた。注進とは、事件の内容を書き記して急いで上申することをいう。また「注文」はある事柄についての要件を記した文書、書きつけの意味にも用いられていた。さらに、品種・数量・価格などを記して製作・送付を依頼するという意味になり、現在のような意味が生まれた。

136

# 朝廷《ちょうてい》

## 昼や夜でなく、なぜ「朝」なのか

天子が政務をとるところを「朝廷」という。朝廷の「朝」という字は、朝《あさ》・昼《ひる》・晩《ばん》の朝《あさ》の意味で用いられることが多いが、朝廷は「昼」や「夜」ではなく、なぜ「朝」なのか。

「朝」の字は、草のあいだに日（太陽）が現われ、まだ月影が残っていることを表わしている。すなわち朝あけのときを示しており、あさを意味する。また「朝」には、まつりごと（政治）という意味もある。その意味は、その昔、中国で行なわれていた朝日《ちょうじつ》の礼に由来する。**殷《いん》の時代、天子は朝になると朝日を迎えて朝日の礼を行ない、そのあと政治《まつりごと》を行なった。そこから「朝」にはまつりごとという意味が生まれ、天子が政務をとるところは「朝廷」と呼ばれるようになった。**

た行

137

# 月極《つきぎめ》
## 「月決《つきぎ》め」ではなく、なぜ「極」なのか

駐車場の看板に「月極」という文字を見かけることがある。それを「げっきょく」「つきごく」などと読む人もいるようだが、正しい読み方は「つきぎめ」。「極」という字は、現在ではふつう「きわめる」「きわまる」「きわみ」と訓読みされている。常用漢字表による「極」の訓読みには、「きめる」はない。それなのに「月極」と書いて、なぜ「つきぎめ」なのか。

じつは「極」という字は、江戸時代から「きめる」「きまる」とも訓読みされていたのである。戦後、「極」の訓読みが「きわめる・きわまる・きわみ」に限定され、「きめる・きまる」は「決」を使うことになったが、「月極《つぎぎめ》」だけは今でも「極」がきめるという意味で用いられている。

138

# 月並《つきなみ》

## 「ありふれていること」がなぜ「月が並ぶ」なのか？

ありふれていて、つまらないことを「月なみ」といい、その「なみ」は漢字ではふつう「並」と書く。昔は「月次《つきなみ》」とも書いていた。「月なみ」という言葉は、本来は月ごと、毎月、あるいは月に一度ずつあることを意味していた。

江戸時代には月ごとに和歌や俳句（俳諧）の会が催され、それを「月なみ（の会）」といった。明治時代になると、「月なみ」は平凡で新鮮味が足りない、ありふれていてつまらないといった現在のような意味に用いられるようになる。

正岡子規が江戸時代から続く伝統的俳句に対し、「天保以来の句は概ね卑俗陳腐にて見るに堪へず。称して月並調といふ」（『俳諧大要』）、「月並は表面甚だもつともらしくして、厭味ある者多し」（『墨汁一滴』）などと批判した。そんなところから、「月並」に、ありきたりで変わりばえしないことといった新たな意味が生まれた。

た行

139

# 津《つ》波《なみ》

## その「津」は何を意味しているのか

地震が起こると、気象庁が津波の有無について知らせる。海岸に押し寄せる波長の長い高波を「津波」と呼んでいる。津波は「tsunami」として英語に取り入れられ、現在では国際語となっている。津波のほとんどは地震に起因する。「津波」は日ごろよく耳にする言葉である。ところがその「津」の意味を正しく理解していない人もいるようである。三重県に「津」という市があり、県庁がそこに存在している。その「津」は港を意味する。津波の「津」も港のことである。**波が高くなって港に押し寄せ、港を襲う。「津波」とは、すなわち津（港）の波という意味である。**

# 140 泥《でい》酔《すい》

## ひどく酒に酔うことと「泥」の関係は？

意識不明になるほど酔っ払うことを「泥酔」という。唐（中国）の詩人・李白《りはく》の詩に「酔いて泥の如し」とある。泥のように酔う。それはいったいどんな酔いを表現したものなのか。

漢の時代の『異物志』という書物に、「南海に虫がおり、骨がない。その虫を泥《でい》という。水中にいるときは生き生きしており、水を失うと酔って、泥のかたまりみたいになる」とある。**酒を飲んでぐでんぐでんに酔っぱらうことを「泥酔」というのは、その虫（泥）の酔っぱらいぶりからきているといわれている。**

「泥」という名の虫は南の海にいることになっているが、「泥酔」という言葉がその虫に由来するというのはいわば俗説で、**「泥酔」は人が酔っぱらって泥土のようにぐにゃぐにゃになるさまをいったものという説もある。**

た行

## 141 丁寧《ていねい》

### この言葉はなぜ手厚く親切であることを意味するのか

「丁寧」という言葉には、注意深くて念入りであるという意味がある。だがそれが「丁寧」の本来の意味ではない。「丁寧」はもともとは楽器の名であった。その昔、中国の軍隊で、警戒の知らせや、注意をうながすために青銅製の楽器の「鉦《しょう》」が使われていた。その楽器はティンという音を発したらしい。「丁寧」は中国語ではティンニィンと発音する。そこでティンニィンと鳴るその鉦は「丁寧」と呼ばれるようになったという。

人の耳に丁寧（鉦）の音がちゃんと伝わるためには、丁寧を何度も、そして念入りに鳴らさなくてはならない。そこから注意深くて念入りであることを「丁寧」というようになり、転じて、手厚く親切である、ねんごろで礼儀正しいという意味になった。

142

# 手紙《てがみ》

## その「手」は何を意味しているのか

用事や状況などを書いて人に送るものを「手紙」という。とくにハガキに対して、封書のものを「手紙」と呼んでいる。その「手」は何を意味しているのか。

文字は手を使って書くが、「手」には文字を書く技《わざ》、書かれた文字、筆跡などの意味がある。たとえば文字を書く練習をすることを「手習い」、書いた文字のことを「手跡」、女性の筆跡のことを「女手《おんなで》」という。

**「手紙」の語源についてはいくつかの説があり、一説にその「手」は、文字を意味し、「手紙」とは紙に文字を記したものという意味だという。**「手紙」という言葉は、江戸時代には書状（書簡）の意味のほかに、手元に置いて雑用に使う紙の意味にも用いられていた。

ちなみに中国語で「手紙」といえば、トイレットペーパーを意味する。中国語では「手」に用便の意味があり、「手紙」は用便のための紙になってしまう。

143

# 手《て》塩《しお》

## 手塩があれば「足塩」もある?

「手塩にかける」という言い方をする。自ら面倒を見て育てることを意味するが、「手塩」とはいったい何なのか。手塩があれば、「足塩」もあるのか。

**その昔、食事をするときには、それぞれ自分のお膳で食べた。そのお膳には塩が添えられていて、各自が好みに応じて食べものに加えた。**もともとは膳の不浄を払うためのものだったと考えられている。**その塩を「手塩」といい、塩を入れた皿のことを「手塩皿」といった。**

手塩は自分でかける。他人にまかせないで、自らかけて、味加減をする。そこから「手塩」は自ら世話をするといった意味をもつようになる。そして、自分の手にかけて世話をするという意味で、「手塩にかける」という言い方ができた。

## 144 出《で》刃《ば》

### 刃がとくに出ているとも思えないが…

魚・鳥などの料理に使う、刃が厚くて幅の広い包丁のことを「出刃包丁」といい、略して「出刃」という。「出刃」は「刃が出る」と読めるが、それはどういうことなのか。

江戸時代の俳人、菊岡沾涼《きくおかてんりょう》の『本朝世事談綺《ほんちょうせじだんき》』（享保十九年）に、「出刃包丁」の語源について、次のような記述が見える。「包丁所々にありといへども、泉州堺を良とす。名誉の包丁鍛冶あり、一流を鍛ふ。世こぞつてこれを用ゆ。かの男の向歯《むかふば》出たるにより、出歯が包丁と呼《よび》けるより、終《つひ》にその器の名となる」。**大坂の堺に包丁作りの名人がいて、その人が出っ歯だったことから出歯包丁（のち出刃包丁）と呼ばれるようになったというのである。**

出刃包丁はふつうの包丁に比べて、刃が厚く、刃の先がとがっている。そこで「出刃」というようになったという説もある。

145

# 出《で》前《まえ》

## 料理を届けることがなぜ「前に出る」なのか？

江戸時代、遊女が契約期間を終えて遊里を出る前のことを「出前」といったが、今日、一般に用いられている「出前」は、飲食店が注文先に料理を届けることをいい、出前の持ち運びをする人を「出前持ち」という。ちなみにこの後者の意味での「出前」も、江戸時代に用いられていた。

相手の人を「お前」と呼ぶことがある。それは本来は目上の人に用いていた丁寧な言葉である。すなわち「前」は神や貴人を指す敬称で、「御《お》」をつけて「御前」と呼んでいた。**出前の「前」は、相手に対する敬称としての「前」と考えられている。注文客（＝お前さま）のところへ出かけていく。そんな意味から「出前」という言葉ができたようである。**

146

# 転嫁《てんか》

## 責任を他人になすりつけることをなぜ「嫁が転ぶ」と書くの？

責任をほかに移し負わせること、他の者になすりつけることを「責任を転嫁する」という。転嫁の「嫁」には、よめという意味があり、とつぐという意味もあるが、「転」と「嫁」でなぜなすりつけることを意味するのか。どうして「嫁」という字が使われているのか。

「嫁」という字は「女」と「家」から成り、その字源については、「家」は祖先をまつる廟《みたまや》のことで、「嫁」とはその廟に仕える女性をいうとする説がある。「嫁」は「か」と音読みし、それが同音の「賈《か》」と通じ、**よめ、とつぐという意味のほかに、「賈」がもっている、売る、あきなうなどの意味をもつようになり、さらに売りつける、なすりつけるなどの意味をもつに至る。**

**「転嫁」がなすりつけることを意味するのは、「嫁」にそうした意味があるからである。**

た行

## 147 天狗《てんぐ》　どうして「天の狗《いぬ》」なのか

天狗は想像上の怪物である。深山に住み、顔が赤く鼻が高くて、空中を飛行することができることになっている。得意になる（鼻高々になる）ことを「天狗になる」というが、それは天狗の鼻が高いことによる。

天狗の「狗」は犬のことである。天狗、すなわち天の狗《いぬ》。天狗はさまざまに形象化されているが、犬（狗）のイメージはない。じつは「天狗」という言葉はもとは中国語である。『漢書《かんじょ》』に「天狗は大流星のようで、色は黄色で音を発し、それが地上に落ちて止まったところに狗のようなものがいる」とある。**つまり中国では天狗は星の一種と見なされていた。天の星が落下して狗（のようなもの）になる。そこで「天狗」と呼んだのである。**

日本では山中に出現する怪物や怪異が「天狗」として見なされるようになり、人間の姿をしたイメージでとらえられるようになった。

## 148 天井《てんじょう》

### なぜ「天の井戸」なのか

屋根裏を隠すために、また塵よけや保温などのために、部屋の上部に張った板を「天井」という。その「井」という漢字は、木で井の形に組んだ井戸のふちの形をかたどった象形文字で、井戸を意味する。「天井」を文字どおり解釈すると、「天の井戸」「天にある井戸」となる。

井戸はたいてい地面にある。「天の井戸」とは、いったいどういう意味なのか。**部屋の上部（＝天）に、角材を井桁《いげた》に組んで板を張ったもの。だから「天井」である。**天井の「井」は井桁の「井」であり、またその「井」には火除けを願って井戸の意味もこめられているといわれている。

149

# 天敵《てんてき》

## 天にも敵がいるのか

ある生物にとって害敵となる生物を「天敵」という。どの生物にも天敵が存在する。たとえばアブラムシにとってテントウムシは天敵である。「天敵」はまた、嫌いな相手、相いれない相手という意味でも用いることがあるが、なぜ「天」なのか。その「天」はどういう意味なのか。「天敵」はもともと天の敵について言ったものだったのか。

「天敵」を英語ではnatural enemyといい、「天敵」は「自然敵」とも呼ばれている。ある漢和辞典には、「天敵」は英語natural enemyの訳語とある。それらのことから天敵の「天」が何を意味しているかはおわかりだろう。

**「天」という漢字には、自然という意味がある。天然、天災の「天」はその意味だが、天敵の「天」も同様の意味である。**

## 150 道《ど》具《ぐ》

### その「道」は何の道なのか

「道具」という言葉は、一般に日常使う身の回りの品々という意味に用いられている。この言葉はもともとは仏教用語で、**道具とは「仏道の具」（仏の道の用具）の意味で、修行僧が仏道修行をするにあたっての必需品をいった。**

その道具は、「三衣《さんね》」「六物《ろくもつ》」「十八物《じゅうはちもつ》」「百一物《ひゃくいちもつ》」などであった。「三衣」とはそれぞれの場所に応じた三種類の衣服。「六物」は三衣と、托鉢《たくはつ》に必要な鉢、坐具、水をこすための布袋をいう。「十八物」は六物のほか、楊枝、香炉、手拭いなど十八種の品。「百一物」は以上の三衣、六物、十八物、その他、生活必需品として必要なものをそれぞれ一つずつということで、百一は実数ではなく、すべてという意味。

また、密教では修法に必要な法具を「道具」といった。そして平安時代のころから、「道具」は日常の用具の意味に用いられるようになった。

た行

151

# 道楽《どうらく》

## 道を楽しんでなぜ悪いのか

酒色や博打《ばくち》などにふける身持ちのよくない人を「道楽者」などという。道楽息子、道楽娘、道楽坊主などの言葉もある。本職以外の道にふけり楽しむこと、趣味や遊びとして楽しむことを「道楽」というが、この言葉は今日では、良い意味には用いられていない。だが、もともとはけっして悪い意味ではなかった。

**「道楽」はもとは仏教語であり、仏道修行によって得た悟りの楽しみ、法悦の境地を意味していた。その楽しみは一般人には得られないものである。それが「道楽」の本来の意味**であったが、しだいに変化して本職以外の道での楽しみを意味するようになった。なお江戸時代には「道楽」は、とんでもないこと、並はずれていることの意味にも用いられていた。

152

# 兎《と》角《かく》

## 兎《うさぎ》には角《つの》はないはずだが…

「智《ち》に働けば角《かど》が立つ。情《じょう》に棹《さお》させば流される。意地を通せば窮屈だ。兎角に人の世は住みにくい」。これは夏目漱石の『草枕』の冒頭の一節である。あれこれ、ともすれば、とにかくなどを意味する「とかく」という言葉（副詞）があり、漢字では「兎角」という字がよく当てられる。それはなぜなのか。

「兎角亀毛《とかくきもう》」という言葉がある。兎には角はなく、亀の甲羅に毛は生えていない。この言葉は実在しないこと、実際にはありえないことをたとえたものである。**兎角・亀毛など、ありえないものをあげて、あれこれ思いめぐらす。そこから、あれこれを意味する「とかく」に、「兎角」の漢字を当てたのだろうと考えられている。**

ちなみに「とかく」という言葉（副詞）は、副詞の「と」に、同じく副詞の「かく」がついたものである。

153

# 度肝《どぎも》

## 度肝という肝があるのか

「度肝」は「度肝を抜かれる」という形で用いられることが多い。「度肝を抜かれる」とは、ひどく驚かされることをいう。その「肝」は肝臓のことだが、「度肝」では心を意味している。

「度肝」の「度」は何なのか。肝臓のなかに、度肝と呼ばれている部分があるわけではない。その「度」は接頭語の「ど」で、「度」の漢字は当て字にすぎない。

**「度肝」は意味を強めたり、程度のはなはだしいことを表わす接頭語の「ど」(度)をつけて、「肝」を強めていったもの。**

この接頭語の「ど」は江戸時代、上方で発達した俗語である。「ど根性」「どぎつい」「どえらい」「どたま(どあたま)」「ど性骨《しょうぼね》」などの「ど」は、いずれも接頭語の「ど」である。「どんけつ」「どんじり」という言葉があり、最下位、最後を意味する。その「どん」は「ど」をさらに強めたもの(接頭語)である。

154

# 読破《どくは》

## 読み終えてなぜ「破る」のか

難解な書物や長い読み物などを終わりまで読みきってしまうことを「読破」という。その「読」はわかるが、なぜ「破」なのか。「破」という字にはやぶるという意味があるが、読みきってしまうことが、なぜ「読破」なのか。

中国の唐の詩人、杜甫《とほ》の「韋左丞《いさじょう》に贈る」という詩のなかに、「自分は昔、少年の日、都にでて王の賓客となり、書を読みて万巻を破り…」とある。**その「破り（破る）」は、つくすこと、しとげることを意味する。**

**「読破」という言葉は、右の「書を読みて万巻を破り」に由来する。**

た行

155

# 時《と》計《けい》

「時」には「と」という読みはないはずだが…

「時計」と書いて、とけいと読む。ほかの読み方はなく、また誰でも読める。ではなぜとけいと読むのか。「時」という字は、「じ」と音読みし、「とき」と訓読みする。「時」には本来は「と」という読みはない。それなのに「時計」はとけいと読んでいる。どうしてそんな読み方をするのか。

**「時計」はじつは当て字である。**そのことに気づいている人は意外と少ない。機械時計が日本に伝わったのは室町時代末期のことで、それは「とけい」と呼ばれ、「土圭」「斗景」「斗鶏」「時計」など、いろんな漢字が当てられた。

**その「とけい」という言葉は、中国周代の緯度測定器で、日時計としても用いられた「土圭」という器具名に由来すると考えられている。**とけいに「時計」の字を当てることはすでに江戸時代から行なわれており、井原西鶴の作品に「時計」という字が見える。

156

# 床屋《とこや》

## なぜ「床」なのか

理髪店のことを「床屋」といい、主に男性用の店についていう。その「床」は何を意味しているのか。床《とこ》といえば、「床の間」を連想する人がいるかもしれない。それと何か関係があるのだろうか。

理髪業は江戸時代に生まれた。江戸時代、商品を売るだけで人の住まない店、手軽に移動できる簡易な店（出店）を「床店《とこみせ》」と呼んでいた。**髪を整える職業は髪結《かみゆ》いと呼ばれ、床店で商売した。そこでその店は「髪結い床」と呼ばれた。理髪店のことを「床屋」というのはそこからきている。**

た行

157

# 心太《ところてん》

## どうしてこれをトコロテンと読むのか

トコロテンは紅藻《こうそう》類のテングサを煮て溶かし、ゼリー状にしたもの。古くから食べられており、平安時代には「こるも」「こころふと」などと呼ばれていた。トコロテンはテングサの煮汁を型に流しこみ、凝固させる。トコロテンのことを「こるも」と呼んだのは、凝り固まった海藻（テングサ）という意味からと考えられている。一方、「こころふと」という名は、凝り固まった太い海藻という意味にもとづくという説がある。その「こころふと」が転じて、江戸時代になると「ところてん」と呼ばれるようになった。

古くは「こころふと」と呼ばれていたので、漢字では「心太」と書いた。「こころふと」はのちに「ところてん」と変化することになるが、呼び名は変わっても、トコロテンの漢字としてはココロフトの当て字である「心太」が使われ、今日に至っている。

158

# 内緒《ないしょ》

## 一緒に内密にしておくから「内緒」？

誰にも知らせないこと、秘密にしておくことを「ないしょ」といい、漢字では「内緒」のほか、「内所」「内処」などとも書く。いずれの漢字もいわゆる当て字で、**「内証《ないしょう》」が本来の表記である。**

**その「内証」はもともとは仏教用語で、自らの心の内に仏教の真理を悟ること、あるいはその悟った真理のことを意味し、「自内証《じないしょう》」ともいう。**ある人が心の内で得た悟り、すなわち「内証」を別の人が推し測ることは難しく、また悟りを得た人がそれを他人に説き示すことも同じく難しい。そこから「内証」は外部には知られないようにしておくという意味になり、また発音も「ないしょう」から「ないしょ」となり、「内緒」「内所」などの字が当てられた。

な行

159

# 名残《なごり》

## その「名」は何を意味しているのか

あることがらが起こり、それがすでに過ぎ去ってしまったあと、なおその気配や影響が残っている。そんな状況を意味する「なごり」という言葉があり、漢字では「名残」と書いたりする。その「名」はいったい何を指しているのか。

昔は「なごり」には「余波」の漢字が当てられていた。なぜ「波」なのか。浜や磯などに打ち寄せた波が引いたあと、まだあちこちに海水が残っている。「なごり」という言葉は本来はそのことをいったものであった。すなわち「なごり」とは「波残《なみのこり》」という意味であり、まだ波（海水）が残っているので「波残」。それが変化して「なごり」になった。だから昔は「なごり」に「余波」という字を当てていたのだが、「名残」ともかかれるようになった。「名残」の「名」は「な」の音を表わすだけの当て字であり、「余波」のほうが「なごり」（波残）の本来の意味を保持している。

160

# 何卒《なにとぞ》

## 「どうか」がなぜ「何」と「卒」なのか

手紙の文面に、「何卒、よろしくお願い申し上げます」といった言葉をよく見かける。「なにとぞ」は、相手に何かを頼む時などに用いられる副詞だが、文字で表わすときには「何卒」という漢字がよく使われる。「なにとぞ」は代名詞の「何」に助詞の「と」「ぞ」がついたものだが、漢字ではその「とぞ」をなぜ「卒」と書くのか。

「卒」という漢字には、おわる、おえる、ついに、にわかにといった意味がある。「何卒《なにとぞ》」に、「卒」が使われているのは、その字がもっている意味からではないようである。**「卒」は、「そつ」あるいは「しゅつ」と音読みする。その「そつ」の音が、「なにとぞ」の「とぞ」の音に通じることから、「卒」は「とぞ」の漢字として用いられたと考えられている。**つまり「そつ」の「そ」と、「とぞ」の「ぞ」との音的関係だけで、「卒」の漢字が使われているわけである。

な行

161

# 名《な》前《まえ》

## なぜ「前」がついているのか

人やものなどの呼び方を「名前」という。「名」だけでそうした意味があるのに、「前」をつけて「名前」という。「名」という言葉は古くからあるが、「名前」は江戸時代のころから使われるようになったようである。

同等の人や、目下の者を呼ぶとき、「おまえ」という言葉を使うことがある。「おまえ」は漢字で書けば「御前」で、もともとは目上の人に対して用いていた丁寧な言葉であった。すなわちその「前」は敬称としての「前」である。名前の「前」も、それと同じものと考えられている。

162

# 苦《に》手《て》

## 苦い手をもつ人がいた？

かつて、爪が苦くて、毒のある手をもつ者がいると信じられていた。その手で押すと腹痛が治り、蛇を捕まえると蛇は動けなくなるという。そのふつうの人とは違う手、不思議な力をもつ手を「苦手」といった。それが「苦手」の第一の意味である。江戸時代には「苦手」はその意味で用いられていた。

近代になって「苦手」は苦々《にが》しい相手、自分と気が合わず好ましくない相手といった意味に用いられるようになり、転じて、自分にとって得意でないものをいうようになった。夏目漱石の『吾輩は猫である』に、「其外《そのほか》苦手は色色ある」というような例が見える。

163

# 納涼《のうりょう》

## 「涼を納《おさ》める」では意味が通じないが…

涼しさを味わうことを「納涼」という。夏になると、納涼花火大会が催され、納涼船がでる。「納」という漢字には「どう」という音があり、「納涼」は古くは「どうりょう」と読まれていた。

ところで「納」の字には、おさめるという意味がある。納税、上納、奉納、納付などの「納」は、いずれもおさめるという意味である。その意味で「納涼」を解釈すると、涼《りょう》を納めるとなり、涼しさを味わうことと意味が合わなくなる。

**「納」の字には、おさめるという意味のほかに、いれる、うけいれる、うちにとりこむという意味もある。納涼の「納」はその意味である。納涼とは涼をとりこむこと。だから涼しさを味わうことを意味することになる。**

164

# 狼煙《のろし》

## なぜ「狼の煙」なのか

昔、緊急のとき、ものを燃やし、煙をだして知らせた。それを「のろし」といい、漢字では「狼煙」と書き、「烽火」とも書く。狼煙、すなわち狼の煙。なぜ狼なのか。「のろし」と狼はどんな関係があるのか。

中国の古典『酉陽雑俎《ゆうようざつそ》』（九世紀）に「狼糞の煙は直上、烽火之《これ》を用いる」とある。のろしをあげるとき、狼の糞を混ぜてものを燃やすと、風が吹いても煙がまっすぐ上にのぼるといわれてきた。そこで中国ではのろしを「狼煙《ろうえん》」と呼んだ。中国語でいう「狼煙《ろうえん》」と日本語でいう「のろし」は同じものであるので、「のろし」に「狼煙」を当てたわけである。

な行

165

# 呑気《のんき》

## 酒を呑むと「のん気」になる?

気分や性格がのんびりしている人、ものごとにあまり気を使わない人を称して、「のん気者」などという。その**「のん気」は漢字では「呑気」、あるいは「暢気」と書くが、いずれも当て字である。**文豪・夏目漱石は当て字の達人ともいわれているが、彼は作品のなかで「のん気」を「呑気」(呑気者、呑気屋)と表記している。

**「のん気」の「のん」の正しい漢字は「暖」である。**「暖」は漢音では「だん」だが、唐音・宋音では「のん」と発音する。ちなみに「暖簾《のれん》」という言葉があるが、それは正しくは「のんれん」で、転じて「のれん」になった。「**のん気」は本来は「暖気」であり、「暖」を「のん」と唐宋音読みしたものである。**春の日の暖かな気分、のんびりゆったりした感じ。それが「暖気」のもともとの意味である。

## 166 敗北《はいぼく》

### 東や西に逃げてもなぜ「敗北」なのか

「北」という漢字は、方角の「北」を意味する。その「北」と「敗」からなる「敗北」は、戦いに負けて逃げることを意味する。「敗北」では、「北」は逃げることを意味しているが、「北」にはどうしてそういう意味があるのか。

**「北」という字は、左向きの人と右向きの人とを背中合わせに組み合わせたものので、お互い背中を向け合っていることから、そむくことを意味する。また敵に背中を向けて逃げるところから、「北」には逃げるという意味がある。敗北の「北」がそうである。**その「北」は方角の北ではなく、逃げるという意味なので、南に逃げようが、東に逃げようが「敗北」という。

「北」は方角の「きた」の意味にも用いられている。それについては、古代中国では、南に面するのが正面とされていたため、それにそむく方向を「北」としたことによるという説がある。

は行

167

# 派手《はで》

## なぜ「手」なのか

服装や色彩などが華やかで、目立つことを「はで」といい、今日ではふつう「派手」と書く。古くは「破手」「葉手」「端手」などと書いていた。**「はで」を「派手」と書くのは、いわゆる当て字である。**

流行歌や民謡の歌詞を組み合わせて作曲した三味線組歌《くみうた》のうち、従来どおりの手法によるものを本手《ほんて》（本手組）といい、それに対し伝統的な手法を破った新様式のものを破手《はで》（破手組）と呼んだ。**破手の曲風は細やかでにぎやかであった。そこから服装・色彩・行動などが華やかで人目をひくことを「破手」というようになり、「端手」「葉手」「派手」などとも書かれた。**

168

# 鼻薬《はなぐすり》

## なぜ賄賂《わいろ》を意味するのか

鼻が病気になったら、鼻薬を用いて治す。「鼻薬」は鼻の薬をいう。そのほかにも別の意味がある。その別の意味とは賄賂《わいろ》である。賄賂のこと、すなわち袖の下のことを「鼻薬」といい、賄賂を贈ることを「鼻薬を嗅《か》がせる」などという。なぜ賄賂が「鼻薬」なのか。

**子供が鼻を鳴らして泣く。その子供をなだめるために与える菓子のことを、鼻を鳴らして泣くのを止める薬ということから「鼻薬」と呼んだ。それが転じて、相手をなだめるための贈り物、すなわち賄賂、袖の下の意味に用いられるようになったわけである。**

賄賂の意味での「鼻薬」は、「鼻薬を嗅がせる」「鼻薬を利かせる」といった形で用いられているが、かつては「鼻薬を飼う」ともいっていた。

は行

## 169 花道《はなみち》

### どこにも花がないのになぜ「花」か

歌舞伎の劇場などで、役者が舞台に登場したり、舞台から退場するために設けられた、見物席を貫いて舞台へ通じる道を「花道」という。花道という言葉から、花で飾られた道がイメージされるが、そこには花はない。

劇場の花道は、一説にそれがもともと観客が贔屓《ひいき》の役者に花（祝儀）を贈るために設けられたものであったことに由来するという。

花道は相撲にもあり、力士が土俵に出入りする道を花道という。その「花」は、祝儀の花のことではない。平安時代、相撲節会《せちえ》において、左方（東）の力士が葵《あおい》の花、右方（西）の力士が夕顔の花をつけて入場した。その後、**支度部屋から土俵に向う通路の両側に、葵と夕顔が植えられた。そこから「花道」の名が生まれた。**

170

# 判子《はんこ》

## 判子とは「判の子供」という意味？

日本は判子社会で、あらゆるところで判子が用いられている。判子は印鑑ともいうが、その「子」は何を意味しているのか。

決まりきっていることを「はんこで押したよう」と表現する。その表現は江戸時代に用例が見えるが、昔は「はんこうで押したよう」ともいっていた。そしてその「はんこう」は「版行」または「板行」と書いていた。「はんこ」という言葉はその「はんこう」に由来する。

**文書・図書などを版木（板木）で印刷すること、また印刷したものを「はんこう」（版行・板行）といい、版木（板木）のことも「はんこう」といった。そしてさらに、印判・印章のことも「はんこう」と呼ぶようになる。「はんこ」（判子）は「はんこう」（版行・板行）が転じたもの、**すなわちなまったもので、「はんこ」の漢字表記の「判子」は当て字である。

は行

171

# 半畳《はんじょう》

## どうして半分の畳《たたみ》なのか

人をひやかしたり、野次ったりすることを「半畳を入れる」という。この言葉は江戸時代の芝居から生まれたものである。昔は「半畳をぶちこむ」「半畳を打つ」ともいった。

**江戸時代の芝居小屋の土間席では、観客は一畳の半分くらいの大きさの敷物（茣蓙《ござ》）を借り、それを敷いて観た。その敷物を「半畳」といい、**芝居小屋にはそれを賃貸しする人（半畳売り）がいた。芝居がはじまり、それがちっとも面白くなかったり、役者の芸が下手だったりすると、観客は野次るだけではおさまらず、**敷いている半畳を舞台に投げつけた。そこから、人をひやかしたり、野次ったりすることを「半畳を入れる」というようになった。**

今日、劇場では半畳を投げつけるといったことはなくなったが、大相撲でそれに似た光景を目にする。取組みの結果によっては座布団が土俵に投げこまれる。

172

# 秘《ひ》書《しょ》

## 「書」がなぜ「人」を意味するのか

社長や大臣など、要職にある人の身の回りにいて、用務を補助し、事務を行なう人のことを「秘書」という。その字面からは、そこに人をイメージすることはできない。**「秘書」を文字どおり解釈すると、「秘密の書」となるが、じつは「秘書」はもともとはそういう意味に用いられている。**

中国の歴史書『漢書《かんじょ》』に「秘書」の語が見えるが、それは天子が秘蔵する書物、宮中の蔵書のことである。日本でも「秘書」という言葉は平安時代から使われているが、それは秘密の文書、秘密の本を意味していた。「秘書」が現在のような人間の意味で使われるようになるのは明治時代以降のことである。

173

# 一入《ひとしお》

## 一度入れてひたすから「一入」

ひときわ、一段という意味をもつ「ひとしお」という言葉（副詞）があり、「今年の冬はひとしお寒い」「雨に濡れたアジサイはひとしお美しい」などという。その「ひとしお」にはふつう「一入」という漢字を当てている。「ひと」を「一」と書くのはわかる。では「しお」がなぜ「入」なのか。

「ひとしお」という言葉は古い時代から使われており、元来は染色用語であった。**布などを染めるとき、染汁に一度ひたすことを「ひとしお」といった。染汁に一度入れてひたすから「一入」**で、二度入れてひたすと「二入《ふたしお》」になる。また染汁に何度もひたしてよく染めることを「八入《やしお》」といった。

一回ひたすごとに色が濃くなっていく。そこで、「ひとしお」は、いっそう、一段という意味に用いられるようになった。

174

# 雛形《ひながた》

## ヒナがなぜ手本・見本なのか

手本となるもの、書類などの書き方を示した見本を「雛形」という。その「雛」の「隹」は鳥の象形文字で、「雛」はひな、すなわち卵からかえったばかりの鳥の子を意味する。それがどうして手本・見本と関係があるのか。

「雛形」は手本・見本を意味するが、そのもともとの意味は、実物に似せて小さくつくったもの。**雛（鳥の子）は成鳥にくらべると小さい。雛形の「雛」はここでは小さいことを意味する。実物をかたどって、それを縮小したのが「雛形」。**

それは今でも変わらないが、いつの頃からか、「雛形」は実物そっくりの見本・手本という意味にも用いられている。

は行

175

# 皮《ひ》肉《にく》

## 「皮」と「肉」で、なぜあてこすりを意味するのか

「皮肉」は、骨身にこたえるような非難、遠回しで意地の悪い非難を意味する。また英語のシニック（cynic）の訳語でもある。「皮肉」は「皮」と「肉」からなるが、この言葉はどうして右記のような意味に用いられているのか。

漢語（中国語）の「皮肉」は文字どおり「皮」と「肉」のことである。意地の悪い非難などの意味はない。もともと皮と肉のことであった「皮肉」は、転じてからだ（体）の意味にも用いられるようになる。また「骨髄」（本質）に対する言葉として、「皮肉」はうわべ、表面、理解や解釈の浅いところなどの意味にも用いられた。そしてさらに転じて、あてこすり、いやみなどの意味を帯び、今日用いられているような意味になった。

176

# 冷奴《ひややっこ》

## 豆腐が「奴」になる理由とは

豆腐をつめたく冷やした「冷奴」は、暑い季節にはいっそうおいしく感じられる。湯に通した湯豆腐のことを「熱奴《あつやっこ》」「湯奴《ゆやっこ》」とも呼ぶようだが、こちらの「奴《やっこ》」は「冷奴」ほどには知られていない。

冷えた豆腐がなぜ「冷奴」なのか。その「奴」は江戸時代、武家に召し使われ、雑用などをしていた奴に由来する。**奴の着物には釘抜《くぎぬき》と呼ばれる紋がついていた。その紋は四角形で、それが四角に切った豆腐に似ているところから、奴（奴豆腐）と呼んだ。それを冷やしたものなので「冷奴」である。**

『守貞謾稿《もりさだまんこう》』（江戸時代後期）によると、江戸時代には、冷奴は醤油、おろし大根、青唐辛子、紫海苔、山葵《わさび》、陳皮《ちんぴ》（みかんの皮を乾かしたもの）などとともに食べた。

177

# 豹変《ひょうへん》

## 豹のように変わるのは悪いことなのか

言葉のなかには、もとの意味とは違った意味で用いられているものが少なくない。「豹変」もその一つである。今日、この言葉は態度や考えがすぐに変わるという意味、すなわち悪い意味に用いられている。だがそれは「豹変」の本来の意味とは異なる。もとは悪い意味ではなかった。

**「豹変」は中国の古典『易経《えききょう》』のなかの「君子は豹変す」からでたものである。君子は豹の毛が美しく変わるように、自己をあらためる。それが「君子は豹変す」の本来の意味であり、それは君子の自己変革のすばやさ、鮮やかさを讃えたものであった。**本来はけっして悪い意味に用いられていたわけではない。ところが今日わが国では、「豹変」は態度や考え方などががらりと一変じて節操のないことの意味に用いられている。

178

# 封切《ふうきり》

## なぜ封を切らなければならないのか

「封切」は現在では主に映画の世界で用いられており、新作の映画をはじめて上映することを「封切」と呼んでいる。この「封切」という言葉はすでに江戸時代からあった。映画は江戸時代にはまだ生まれていなかったわけだから、「封切」はもともと映画用語ではなかった。

**江戸時代、新刊本は袋に入れて封じてあり、封を切って読んだ。それがすなわち「封切」である。映画の「封切」はそれを転用したものである。**明治三十二年（一八九九）ごろ、「都新聞」の記者の吉見喜一郎が使いはじめたという。

179

# 河《ふ》豚《ぐ》

## 海にいるのになぜ「河豚」なのか

フグは敵に襲われたりすると、体（腹）をふくらませる。フグという名はそこからきているようである。漢字ではふつう「河豚」と書くが、われわれ日本人が食べている河豚は海の魚である。それなのになぜ「河豚」なのか。

**フグの漢字「河豚」は中国語に由来する。中国ではフグが河川を遡上し、また淡水域に生息しているものもいる。それが豚のようにおいしいところから（あるいは、豚のように丸くふくらむところからという説もある）、「河豚」と書くようになったらしい。**日本の川にはフグはいないが、日本では中国語にならって「河豚」と書いている。

日本人にとってはフグは「海豚」という漢字の方がふさわしい。ところが中国語では「海豚」はイルカのことであり、日本でもイルカは漢字では「海豚」と書いている。

180

# 普《ふ》請《しん》

## この言葉がなぜ建築を意味するのか

家の新築・改築を「普請」という。だが普請の「普」「請」のいずれにももともとそうした意味はない。「普」は普《あまね》く、すなわちすべてにわたり広く、「請」は請《こ》う、つまり求めるという意味。

**「普請」という言葉はもとは仏教（禅宗）用語で、禅宗の寺で、多くの人々に協力を請《こ》い、労役に従事してもらうことをいった。それが転じて、村の人々が共同で道や家などを建設・建築すること、そして単に家などを建てることを「普請」と呼ぶようになった。**

「普請」について『日葡辞書《にっぽじしょ》』（慶長八年・一六〇三）は、「工事、または仕事」と説明している。もともと仏教用語であった「普請」は当時、そのような意味に変化していたのである。

181

# 物色《ぶっしょく》

## 「物の色」がなぜ「捜す」ことを意味するのか

多くのなかから人やものなどを探すことを「物色する」という。だが「物」「色」のどちらの字にも、もともと探すという意味はない。どうしてそういう意味になったのか。

「物」は「牛」（うしへん）である。この字は本来は色のまじった牛、雑色の牛を表わしたものだという。のちにいろんなものを意味するようになる。「色」は赤や白などのいろを意味する。「物色」はもとは雑色の牛の毛色を意味していたが、ものの色、あるいは景色などの意味にも用いられ、さらに姿形や容貌なども意味するようになった。

そして「物色」はさらに転じて、姿形・容貌を求める、姿形・容貌によって人を探すという意味になり、そこから今日用いられているような意味が生まれた。

182

# 仏滅《ぶつめつ》

## 仏が入滅した日だから縁起が悪い?

暦の中には先勝《せんしょう》・友引《ともびき》・先負《せんぷ》・仏滅・大安《たいあん》・赤口《しゃっく》が記されているものがある。これを六曜といい、大安は何ごとを行なうのにも縁起のよい日、すなわち吉日とされている。結婚式などは大安に行なうのが習わしとなっているため、何ごとも凶とされる仏滅の日の結婚式場はがらがらである。

**六曜の一つの「仏滅」は、もともとは「空亡《くうぼう》」であった。それが「虚亡《きょもう》」となり、すべてが虚《うつ》ろで空《むな》しいという意味から「物滅《ぶつめつ》」となった。そしてさらに転じて「仏滅」となり、仏(お釈迦様)の入滅と関係づけられ、万事に凶の日となってしまった。**仏滅は本来は仏教とは何の関係もなく、六曜はまったくの迷信である。それでも広く信じられている。

は行

183

# 蒲団《ふとん》

## 綿が入ってるいるのに蒲《がま》？

現在では、「布団」という表記が一般的だが、語源的にいえば、「蒲団」と書くのが正しい。もともとは「蒲団」と書いた。蒲団の「蒲」は植物の蒲《がま》のこと、「団」は丸いことを意味する。すなわち「蒲団」とは、蒲でつくった円形のものという意味である。

蒲団は本来は禅宗で僧侶が坐禅のときなどに用いる坐具（すなわち今日の座蒲団）のことであった。**蒲の葉で円形に編んだものを坐禅のときに用いた。それが本来の蒲団である。蒲でつくった団《まる》いものだから、「蒲団」。**

**のちに綿を入れて布でくるんだ大型の蒲団がつくられ、寝具として用いられるようになり、「蒲団」は寝具を意味するようになる。**今日、「ふとん」といえば、もっぱら寝具としての蒲団のことである。当用漢字の制定によって「蒲」が使えなくなり、「蒲団」は「布団」と書かれるようになった。

184

# 風《ふ》呂《ろ》

## 「風」といかなる関係があるのか

入浴のための場所、浴室のことを「風呂」といい、浴槽（湯船）のことも意味する。江戸時代初期まで、風呂といえば蒸し風呂であった。後に浴槽をともなった風呂ができた。風呂は体を温めたり、体を洗ったりするための設備である。それをなぜ「風呂」というのか。いったい「風」とどんな関係があるのか。

**茶の湯で「風炉《ふろ》」というものを用いる。席上に置いて火を入れ、釜をかけて沸かす炉である。風炉はその一方が欠けていて、風が通るようになっている。「風炉」という名はそこからきているようである。「風呂」の語源については一説に「風炉」に由来するという。**「風炉」と原理・構造が類似するところから「風呂」と呼んだのだろうと考えられている。

185

# 陛下《へいか》

## 高貴な人なのになぜ「下」なのか

天皇や皇后を呼ぶとき、「陛下」という言葉をつけ、天皇陛下、皇后陛下などと呼ぶ。「陛下」は尊称であり、高貴な人に用いる。それなのにどうして「下」がつくのか。上《かみ》の人を「下」と呼んでも、失礼にはならないのだろうか。

陛下の「陛」は宮殿にのぼる階段を指す。その階段の下にいる近臣を通して奏《そう》上《じょう》する（天子に申し上げること）という意味から、その対象としての人（高貴な人）を指すようになり、尊称となったわけである。

186

# 帽子《ぼうし》

## その「子」は何を意味するのか

「帽子」は頭にかぶるもの。その「帽」という字は「巾」と「冒」に分解できる。「巾」はぬのきれのことで、「冒」は一説に帽子を深く被り目だけをだしていることを表わしているという。じつは「帽」だけで帽子を意味する。では「子」は何を意味しているのか。

**帽子の「子」には意味はない。その「子」は語の形をととのえるために、ものの名の下に添える接尾語で、「格子《こうし》」「扇子《せんす》」「金子《きんす》」「冊子《さっし》」などの「子」も同じである。**

187

# 放送《ほうそう》

## なぜ「送りっ放し」なのか

ラジオやテレビで、ニュースやスポーツやドラマなどを伝えることを「放送」という。「放送」を文字どおり解釈すると、「送りっ放し」となるが、この「放送」という言葉はいったいどこからきたものなのか。中国語では放送は「広播」というので、「放送」は中国生まれの言葉（漢語）ではない。

「放送」の語源については次のようにいわれている。船舶の無線電信では、受信すると受け取ったという返事をだすことになっていたが、無線局が個々の船舶の応信を得ないで一方的に送信したものを「送りっ放し」という意味で、「放送」と呼んでいた。大正十四年に東京放送局（NHKの前身）が放送を開始。その三年前、**放送制度の立案に際して、無線電信で用いられていた「放送」という言葉が英語の broadcasting の訳語として採用された。それが現在用いられている「放送」のルーツである。**

188

# 包丁《ほうちょう》

## その本来の意味は「料理人の丁さん」

料理するとき欠くことのできないのが包丁。ところで「包丁」という字は、字面からは料理とは関係ないように見える。料理用刃物をなぜ「包丁」というのか。

**「包丁」は本来「庖丁」と書くのが正しい。その「庖」は料理人を意味する。**

中国の古典『荘子《そうじ》』にこんな話が載っている。

**丁という優れた腕の庖人（料理人）がいて、あるとき文恵君《ぶんけいくん》という王の前で牛を解体し、料理したことがあった。丁の手さばきはまことに鮮やかであった。**それを見て王はすっかり感心し、「見事なものだ。技もなんとここまでゆきつけるものか」といった。それに答えて、丁はいった、「私とて最初は牛をどのように料理していいかわかりませんでした。三年たってからは牛の体のそれぞれの部分が見えてきまして、刀を入れる場所がわかってきました…」。

料理用刃物の「包丁」という言葉はこの故事からでたものである。

は行

189

# 報《ほう》道《どう》

## 道路の状態を報《しら》せるのが「報道」？

新聞や放送などを通じてニュースを広く知らせることを「報道」という。その「報」は知らせることを意味する。では「道」は？「報道」にはどうして「道」の字が使われているのか。

「道」にはみち（道路）という意味がある。だが報道の「道」は道路のことではない。「道」には、言う、述べるという意味もあり、「言語道断」という言葉の「道」はその意味で、「道断」とは、言うことを断たれることを意味する。

**報道の「道」も、道断の「道」と同じ意味であり、言うことを意味する。言って知らせる、告げて知らせる。「報道」という言葉はそういう意味である。**

190

# 亡命《ぼうめい》

## 命を亡くさないためなのに、なぜ「亡命」なのか

政治的・宗教的な理由などから、外国に逃れることを「亡命」という。助かりたいために逃げる。ところが「亡命」を文字どおり解釈すると、命を亡《な》くすとなる。命を亡くさないために外国に逃れるのに、どうして「亡命」というのか。

「命」という語はふつうは、いのちの意味に用いられているが、「命」には、名づけるとか、名簿に名を記すという意味がある。亡命の「命」はその意味であり、名を記した戸籍・名籍をいう。「命名」の「命」がまさにそれである。「亡」は逃げて姿を隠すことを意味する。**名を記した戸籍から名を消し、他国へ逃げる。それが「亡命」の本来の意味である。**

「亡命」は中国生まれの字（漢字）だが、日本では昔、「亡命」は「かけおち」の当て字としても用いられていた。

191

# 母《ぼ》校《こう》

## なぜ「父校」とはいわないのか

自分が卒業した学校のことを「母校」という。自分を育ててくれた、いわば親なる学校という意味から「母校」と呼んでいるわけだが、その意味であれば「父校」といってもいいわけである。だが、「父校」とはいわない。あくまで「母校」である。

今日用いられている「学校」という語は、明治のはじめ、英語のスクール(school)、フランス語のエコル(école)の訳語として選ばれたものだった。ところで**フランス語をはじめヨーロッパの言語では、名詞が男性名詞と女性名詞に分かれており、学校は女性名詞である。そこで「母校」と呼ぶことになったわけである。**

192

# 星影《ほしかげ》

## 星に影ができるのか

「星影」という言葉から、あなたは何をイメージするだろうか。光が物体によってさえぎられたために、光と反対側にできるその物体の黒い形のことを「かげ」という。星影の「影」も、その意味だと思っている人がいるらしい。では星の影《かげ》って、どんな影なのか。

**「かげ」（影）はもともとは光を意味する言葉である。「星影」は星の光のことである。**「月影」も同様に月の光のこと。ところが物体が光をさえぎるときにできる物体の黒い形のことも「かげ」（影）と呼ぶようになり、現代では後者の意味で用いられることが多い。そのため「星影」は星の光ではなく、星が光をさえぎってつくりだす影《かげ》という意味に誤解されやすい。

は行

193

# 本《ほん》命《めい》

本当の命という意味？

競馬や競輪などで優勝候補の第一を「本命」と呼んでいる。「本命」は「ほんみょう」とも読むが、それが「本命」のもともとの読み方であり、正しい読み方である。

「本命《ほんみょう》」は自分の生まれた年の干支《えと》のことをいう。たとえば丑《うし》年生まれの人は、丑がその人の本命である。丑年は十二年ごとにめぐってくるが、**丑年生まれの人にとっては丑年が、当たり年ということになる。その「当たり」の意味から、「本命《ほんみょう》」を「本命《ほんめい》」と読み変え、一着を予想される馬を指すようになったという説がある。**

「本命」は競馬や競輪の世界だけでなく、一般でも、もっとも有力と思われる人の意味で用いられている。

194

# 饅頭《まんじゅう》

## 頭とどんな関係があるのか

饅頭は小麦粉でつくった皮のなかに餡《あん》を入れて蒸した菓子である。昔からある食べものだが、饅頭にはどうして「頭」という字がついているのか。

饅頭を〝考案〟したのは一説に、中国三国時代の蜀《しょく》の宰相、諸葛孔明《しょかつこうめい》という。孔明が南部を征服し、軍を引き払って蜀に帰ろうとして濾水《ろすい》という川まできたところ、激しい風が吹き荒れた。その川には荒ぶる神がおり、しばしば祟《たた》りを行なうという。そこで川を渡る者は神に対して祭りを行なった。その祭りは四十九人の人間の首と牛と羊を川に捧げるというもので、そうすれば風が収まり、川を渡ることができるという。だが人を殺すわけにはいかないとして、**孔明は牛や羊の肉を麦粉の生地に包み、人頭のような形にして川の神に捧げた。**

**それが「饅頭」のルーツだという。**日本にその饅頭が伝わってきた時期については、十三世紀半ばとする説と、十四世紀半ばとする説がある。

195

# 味《み》方《かた》

## 仲間・同志がなぜ「味」なのか

自分と同じ目的や利害関係をもつ仲間のことを「みかた」といい、漢字では「味方」と書く。味方の「味」はあじを意味するが、どうして仲間が「味方」なのだろう。

**古くは、天皇の軍勢、朝廷側に属する軍勢のことを「みかた」といい、「御方《みかた》」と書いていた。**その「御《み》」は敬意の接頭語である。その意味が転じて、自分が属している方《ほう》、志を同じくする仲間、助勢してくれる側などの意味になり、**「味方」「身方」とも表記されるようになった。すなわち「味」「身」はどちらも当て字である。**だが現在ではもっぱら「味方」と書かれている。

196

# 無《む》心《しん》

## どうして金品をねだることを意味するのか

「無心」にはいくつかの意味がある。まず、何の考えや感情もないことを意味する。情緒を解する心がない、無趣味、無風流、あるいはまた人情がない、他に対する思いやりがないという意味もある。そのほかに、他人に金品をねだるという意味がある。いわゆる「金の無心」である。金品をせがむ手紙を「無心の手紙」などという。

あつかましく金品をねだる。それがどうして「無心」なのか。**「無心」は、心なきこと、心を用いないこと、相手を思いやらないことを意味する。それらの意味が転じて、金品をねだることを意味するようになったと思われる。**

まつ行

197

# 息子《むすこ》

## わが息子は息をしている!?

「息」には呼吸という意味があるが、その意味で「息子」を解すると、「息子」がなぜ男の子を意味するのかわからなくなってしまう。「息子」は男の子、女の子を「息」を使って表現すれば「息女《そくじょ》」。

「息」という字は「自」と「心」からなる。「自」は正面から見た鼻の形をかたどったもの。すなわち鼻の象形文字で、もともとは鼻を意味する。「心」は心臓の象形文字で、こころ、心臓、胸を意味する。その**「自」と「心」からなる「息」は呼吸することを意味する。またその意味から転じて、生きる、生まれるなどを意味するようになった。息子・息女の「息」は生まれることを意味している。**

198

# 無《む》茶《ちゃ》

## お茶がないのは常識外れなので「むちゃ」？

筋道が立たないこと、道理や常識に合わないことを「むちゃ」といい、漢字ではふつう「無茶」と書く。

昔から、来客にはお茶をだすのが習わしとなっている。お茶をださないのは常識外れである。そこで道理に合わないことを「茶がない」＝「無茶」というようになったという説がある。この説は「無茶」という漢字をもとに語源を説いたものので、故事つけっぽい。

「むさと」という古語（副詞）がある。仏教語の「無作《むさ》」からでた言葉といわれているが、「むさと」は無分別・不注意であること、いいかげんなことを意味する。「むちゃ」という言葉は「むさと」の「むさ」が転じたものという説があり、どうもこの説が有力のようである。なおこの説によれば「むちゃ」の漢字の「無茶」は当て字ということになる。

199

# 名刺《めいし》

## 名刺のことをなぜ「名を刺す」と書くのか

名刺の「刺」には、さす、つきさすといった意味があり、刺して人を殺すことを刺殺という。また「刺」には、とげの意味もある。名刺は小さい四角の紙に氏名・住所・職名などを記したものである。なぜ名刺は「名」＋「刺」なのか。

名刺は中国人が発明したものである。古くは「刺《し》」または「謁《えつ》」といった。現代の名刺の大部分は紙製だが、名刺は紙が発明される以前すでに発明されている。

**名刺の最初の材料は木であった。木を削った札に姓名や用件などを記したものを「刺」といった。それが名刺のルーツであり、名刺という名はそれに由来する。**

古くは「謁」とも呼ばれていたが、その言葉から、刺（名刺）はもともとは有力者に謁見を求めるためのものであったと考えられる。

## 200 目安《めやす》

### 「標準」のことをなぜ「目が安い」と書くのか

「目安」は、目あて、標準、目標などを意味し、見当をつけることを「目安をつける」という。目安の「目」は目（眼）を意味している。では「安」は？

**「目安」という言葉のルーツは「目安《めやす》し」である。**「目安し」という形容詞がある。現在は使われていないが、見ていて安心である、見た目がよいことを意味する。**その形容詞が名詞化して「目安」となり、見た目に感じのよいこと、読みやすいように箇条書きにすること、その文書のことを意味した。そして中世以降、「目安」は要点を箇条書きにした訴状や陳状、あるいはソロバンの位取りの目印などを意味するようになり、さらに目標、基準などの意味が派生した。**

江戸時代中期、徳川八代将軍吉宗が江戸城の評定所《ひょうじょうしょ》の門前に、庶民からの訴状を受けつける目安箱を設置したことはよく知られている。

## 201

# 綿《めん》密《みつ》

## 「手抜かりがないこと」がなぜ「綿」と関係があるのか

「綿密」は、くわしくこまやかなこと、手抜かりがないことを意味する。その「綿」という字にはわたの意味があるが、綿密にはどうして「綿」の字が使われているのか。

「綿」は本来は「緜」と書いていた。「帛」は絹、「系」は糸すじを意味し、「緜」＝「綿」は絹綿《きぬわた》をいう。綿《わた》といえば、古くは絹の綿であった。その「綿」という字には、こまかい、小さいという意味があり、「綿密」という言葉では、「綿」はその意味で使われている。

「密」にはぴったりとくっついていてすきまがない、きめがこまかいなどの意味があり、こまやかなことを表す「綿」と「密」からなる「綿密」は、くわしくこまやかなことを意味することになる。

202

# 約束《やくそく》

## 「束」をどうするのか

「約束」は、あるものごとについて取り決めすることをいう。「約」には、むすぶ、しばるという意味がある。しばって束ねる。**くくって束にする。それが「約束」のそもそもの意味である。**

「約」という字の「勺」は、柄の少し曲がったひしゃくの象形文字で、「約」は糸を曲げて（巻いて）結ぶことを意味する。「束」は雑木をたばねてくくった形の象形文字で、たばねることを意味する。

**古い時代には縄を結んでその形や数によって相手との決めごとを示すことが行なわれていた。それを結縄《けつじょう》というが、結ぶことを意味する「約」はそこから、取り決め、誓いなどの意味をもつようになり、くくって束にする「約束」は、取り決めという意味に用いられるようになった。**

や行

## 203 野《や》心《しん》 それはいったいどんな心なのか

ひそかに抱いている望み、あるいはその人に不相応な望みを「野心」といい、野心をもっている人を「野心家」という。だが「野心」という言葉はもともとはそういう意味だったわけではない。

中国の古典『春秋左氏伝《しゅんじゅうさしでん》』に、楚《そ》の司馬子良《しばしりょう》に子が生まれたとき、兄の子文《ぶんし》が「殺しなさい。この子の姿は熊や虎に似て、声は狼《おおかみ》のようだ。殺さぬと、きっとわれわれを滅ぼすことになる。諺にも『狼の子に野心あり』という。これはその狼だから、とても飼い慣らせぬぞ」といったとある。

**「野心」という言葉は、狼の子が人に飼われてもなお失わない野生の心、野獣の心を意味する。それが「野心」の本義である。**転じて、謀叛《むほん》を起こそうとする心、身分不相応な望みという意味になった。現在では、新しい大胆な試みに取り組もうとする心という意味で肯定的に用いられることもある。

204

# 野《や》暮《ぼ》

野に暮らしているから洗練されてない、という意味？

「やぼ」という言葉があり、洗練されていないこと、田舎くさいことなどを意味する。漢字では一般に「野暮」と書かれるが、それは当て字である。

「やぼ」は遊里で生まれた言葉のようである。もともとは遊里の事情に暗いことを意味する言葉であった。転じて、世情・人情に通じない、気がきかない、粋ではない、田舎くさいという意味になった。

「やぼ」の語源については、田舎者・農夫を意味する「野夫《やぶ》」からきているという説や、同じく田舎者を意味する「藪者《やぶもの》」に由来するという説がある。その「やぼ」になぜ「野暮」という字を当てたのか。その理由は明らかでない。野夫・藪者＝田舎者＝野に暮らす。そこで「野暮」の字を当てたのだろうか。

や行

205

# 山勘《やまかん》
## なぜ「山」がつくのか

何の根拠もなく見当をつけることを「山勘《やまかん》」という。その「勘」は、「勘を働らかす」「勘がよい」の「勘」と同じ意味で、五感以外の感覚（第六感）を意味する。では「山」は何なのか。

**「山勘」という言葉は、一説に「山師の勘」からきているという。**鉱山・鉱脈のことを「山」といい、鉱脈などを探すのを仕事にしている人を「山師」という。**山師の勘、それがすなわち「山勘」で、あてずっぽうという意味に用いられるようになった。**

**科学的な発見の方法がなかった昔、山師たちは長年の勘によって仕事をした。**

戦国時代に山本勘助という武将がいた。武田信玄の軍師といわれているが、「山勘」という言葉は山本勘助の名からきているという説もある。だがこの説はあまり信用できない。

206

# 野郎《やろう》

## 男のことをなぜそういうのか

人に対して「この野郎！」といったりすることがある。その「野郎」という語は本来は若い男を意味していた。それが男をののしっていう語としても用いられるようになり、今日では「野郎」は粗野で上品でないという意味を含んだ言葉となっている。

**「野郎」の語源については、一説に「わらわ」が変化したものだといわれている。子供のことを「童《わらわ》」という。それが「わろう」と変化し、さらに「やろう」（野郎）に変化したと考えられる。**

男を「野郎」というのに対し、女のほうには「女郎《めろう》」という言葉があり、女をののしっていう語としても用いられたが、「女郎」のほうは現在はすたれてしまっている。

や行

## 207 夕立《ゆうだち》

### 「夕」と「立」で、なぜ雨を意味するのか

夏の午後から夕方にかけて、急に雨が降ることがある。それを「夕立」という。だが夕立の「夕」と「立」のいずれにも、雨という意味はない。それなのに「夕立」はなぜ雨を意味するのか。

夕立の「立」には、見えなかったものが見えるようになる、隠れていたものが現われるという意味がある。**夕方になって、風や波や雲などが起こり立つ。そうした現象を「夕立」といった。**『万葉集』に「夕立の雨降るごとに春日野の尾花が上の白露思ほゆ」という歌が収録されている。「夕立の雨」は原文では「暮立《ゆふだち》之雨《のあめ》」だが、**夏の午後、雲が立って急に降る雨を「夕立の雨」といい、また「夕立」だけで夕方に降る雨を意味するようになった。**

夕立に「白雨」という字を当てることがある。泉鏡花や尾崎紅葉などは「驟雨」と書いて、それを「ゆうだち」と読ませている。

208

# 油《ゆ》断《だん》

## 油を断つとどうなるの？

注意をおこたることをいう「油断」には、「油」の字が使われている。それは何を意味しているのか。

仏教の経典『涅槃経《ねはんぎょう》』に、こんな話が載っている。**ある王が家臣に油の入った鉢をもたせ、「一滴でもこぼしたら命を断つ」と申しつけ、その後方に刀を抜いた男を置いて監視させた。家臣は注意深くその鉢をもち、一滴もこぼさなかった。一説に、この説話から「油断」という言葉ができたという。**

ゆったりすることを意味する古語の「ゆたに」が変化して「ゆだん」となり、ゆったりする↓注意をおこたる↓うっかりするという意味になったという説もある。この説によれば「油断」は当て字ということになる。

や行

209

# 湯《ゆ》船《ぶね》

## 浴槽がどうして「船」なのか

浴槽のことを「ゆぶね」といい、漢字では「湯船」あるいは「湯槽」と書く。「槽」は水や湯などを入れる容器のこと。ゆぶねは湯が入っている容器だから「湯槽」。では湯船の「船」は何のことなのか。

江戸時代、江戸では船に浴槽を設けて巡回営業した移動浴船があり、湯船といった。浴槽のことを「湯船」というのはそこからきていると説明している本があるが、それは間違いである。

**浴槽の「湯船」の「船」は、人やものを運ぶ船（船舶）のことではない。水などを入れる容器を「ふね」という。「ゆぶね」（湯ぶね）の「ふね」はその意味であり、それに「船」の字を当てたわけである。**乗りものの「ふね」（船）という言葉は、容器を意味する「ふね」からきていると考えられている。

## 210 百合《ゆり》

### なぜ「百」なのか?

ユリ(百合)は世界中では九十種を超える種が知られているが、そのうち十五種が日本に分布している。日本はユリの王国なのである。そのユリには「百合」という漢字が当てられている。

ユリは茎が細くて花が大きいので、風に揺《ゆ》れる。そこで「ユリ」という名になったという説がある。あるいはユリを意味する朝鮮語の「ナリ」が転じて「ユリ」になったともいわれている。では「ユリ」を漢字ではなぜ「百合」と書くのか。

**それは中国語(漢語)の「百合《ひゃくごう》」がユリを意味するからである。ユリは地中に球根(鱗茎《りんけい》)を有しており、そこに多くの鱗片が重なり合っている。「百合」という名はそこからきているといわれている。「百合《ひゃくごう》」がユリに相当することから、ユリに「百合」を当てたわけである。**

211

# 羊《よう》羹《かん》

## 羊羹がなぜ羊と関係があるの？

「羊羹」は、餡に砂糖、寒天を加えて練り固めたり、蒸し固めたりした菓子である。「羊」は動物のヒツジを意味するが、羊羹とヒツジはどんな関係があるのか。羊羹の「羹」は「あつもの」と訓読みし、吸いもの（汁、スープ）のことである。古代の中国では、羊の肉を使った吸いもの（＝羊羹）はたいへんなご馳走だったという。ところで**中国には、小豆と砂糖でつくった蒸し餅があり、羊の肝と形と色が似ていたことから、それは「羊肝糕《ようかんこう》」または「羊肝餅」と呼ばれた。**

その羊肝糕は菓子の羊羹によく似たもので、日本には鎌倉時代以降に伝わったが、**日本ではそれを「羊羹」と呼ぶようになった。**「肝」と「羹」が混同されたためとも言われているが、なぜそう呼んだのかは明らかでない。「羊羹」の語源については数説ある。ここに紹介したのはその一つである。

# 212 陽動《ようどう》

## 陽動作戦ってどんな作戦？

「陽動」と「作戦」からなる「陽動作戦」という言葉がある。それはいったいどんな作戦なのか。「陽」という字には、日《ひ》（太陽）、ひなた（太陽のあたる場所）などの意味があり、太陽の光を「陽光」という。

「陽動」はその字面からは、太陽が動くと読みたくなる。だがその「陽」は太陽のことではない。「陽」という字には、いつわるという意味がある。いつわることを意味する「佯《よう》」という字がある。その「佯」と通じて、「陽」はいつわるという意味に用いられるようになった。

**陽動の「陽」はいつわることを意味する。「動」は行動。「陽動」とは、敵の判断を誤らせるためにいつわりの行動にでることをいう。その作戦が陽動作戦である。**いつわることを意味する「陽」からなる熟語としては、ほかに「陽言《ようげん》」（いつわっていうこと）、「陽狂《ようきょう》」（いつわって狂気をよそう）などがある。

や行

213

# 黄泉《よみ》

## 冥土《めいど》がなぜ「黄の泉」なのか

古代の日本人は、死んだ人の魂は死後、「よみの国」へ行くと信じていた。生き返ることを「よみがえる」という。それは「よみ帰る」、すなわちよみの国から帰ってくる、引き返してくるという意味である。

**その「よみの国」の「よみ」には、「黄泉」という漢字を当ててきた。それは漢語の「黄泉《こうせん》」が死者が死後に行く所、死者の霊魂が至る所を意味する言葉だからである。**

「黄泉」は読み方によれば、「黄色の泉」とも読める。それがどうして死者が行く所、すなわち冥土《めいど》を意味するのか。中国古代の思想、五行説では、万物を組成する五つの元素、木・火・土・金・水のうち、「土」は色では「黄」に配されており、黄泉の「黄」は土（地）を意味する。「黄泉《こうせん》」はもともとは地下の泉を意味していたが、死後に死者の魂が行く所をいうようになった。

214

# 落第《らくだい》

## 第から落ちる――その「第」とは

成績不良で上級の学年に進めないこと、あるいは試験などで合格点にとどかないことを「落第」という。落第、すなわち第から落ちる。その「第」はいったい何のことなのか。

「第」という字は、本来は順序・序列を意味する言葉である。中国では科挙《かきょ》という官吏《かんり》登用試験が古くから行なわれていた。その合格者が掲示板に成績順に発表される。その順序を「第」といい、「第」は試験に合格することも意味するようになる。合格者の序列＝「第」から落ちる。それがすなわち「落第」であり、「第」にとどいたのが「及第《きゅうだい》」である。

215

# 留《る》守《す》

## 家にいるのか、いないのか？

「留守」という言葉には、「外出して家にいない」「家に残って番をしている」の二つの意味がある。「留守」をその字のとおりに読めば、「留《とど》まって守る」だから、「家に残って番をしている」ことになる。じつはそれが「留守」のもともとの意味であった。

**「留守」はもとは中国語で、中国語の「留守」は本来は、天子が不在のあいだ宮廷に留《とど》まって番をすることを意味していた。**日本でも当初、「留守」は天皇が行幸《みゆき》をしたとき、その代理として宮廷に留まり、執政することを意味していた。それがのちに、主人・家人が外出したとき、その家を守ること、あるいはその人のことを意味するようになった。

「留守」が外出して不在の意味で用いられるようになったのは鎌倉時代以降のようである。江戸時代には「留守」は、愚か、馬鹿の意味にも用いられた。

216

# 歴々《れきれき》

## 「歴」が重なっているから複数？

「歴々」は、身分・家柄の高い人、立派な人を意味する。接頭語の「お（御）」をつけて、「お歴々」ともいう。「歴々」は本来は一人の人間についていったもの、すなわち単数の意味なのだが、複数として用いられている。慶長八年（一六〇三）刊行の『日葡辞書』に、「歴々」について「多くの尊敬すべき重立った人々」を意味するとあり、また「歴々の学匠」といえば、それは「著名な多くの学者たち」のことをいうとある。当時、「歴々」はすでに複数として使われていた。

**「歴」という字には、明らかという意味がある。「歴々」という言葉は、もともとは整然と並んでいるさま、明らかなさまの意味に用いられていた。それが中世のころから、身分・家柄の高い人を意味するようになった。**「お」をつけて「お歴々」と表現するようになったのは江戸時代になってからのようである。

## 217 廊《ろう》下《か》 どうして「下」なんていう字がついているのか

建物内の通路、部屋と部屋とをつなぐ通路を「廊下」と呼んでいる。「廊」という漢字は「广」と「郎」からなり、「郎《ろう》」が「廊《ろう》」という音をなしている。「廊」はそれだけで廊下を意味する。それなのになぜ「下」がついているのか。「廊下」をそのまま解釈すると、廊の下という意味になってしまうが、この言葉にはそういう意味はない。

室町時代に出版された節用集（国語辞書の一種）の一つに、「廊下、或作廊架」とあり、昔は「廊架」とも書いていた。**「廊下」（廊架）の語源については、一説に「廊側」からきているという。**「縁《えん》」のことを「縁側」ともいう。「縁」だけで縁側を意味するのに、「側」をつけて呼ぶ。それと同じく**「廊側《ろうがわ》」と読んだのが、なまって「ろうか」となり、「廊下」（廊架）と書くようになったというのである。**この説によれば「下」「架」はいずれも当て字ということになる。

218

# 狼《ろう》狽《ばい》

## どうしてオオカミなのか

うろたえあわてることを「狼狽」という。「狼」はオオカミである。「狽」もオオカミの一種で、こちらは想像上の動物である。すなわち「狼狽」という漢字は二種類のオオカミによって構成されている。それがどうしてうろたえあわてることを意味するのか。

狼のほうは前の二つの足が長く、後ろの二つの足が短い。一方、狽のほうはその逆で、前の二本の足が短く、後ろの二本の足が長いことになっている。そこで彼らは互いに寄りかかりあって生きており、一方が他方から離れると、うまく歩けず倒れてしまう。そうなると彼らはうろたえあわてることになる。そこから、あわてふためくことを「狼狽」というようになったという。

219

# 呂《ろ》律《れつ》

## それは回るみたいだが、その正体は?

舌がよく動かないため、話す言葉がはっきりしないことを「呂律が回らない」などと表現する。その「呂律」は中国から伝わってきた音楽の音律のことで、雅楽に用いられている。「呂律」は正しくは「りょりつ」と発音するが、「ろれつ」と音変化した。

**呂律《りょりつ》の「呂《りょ》」は、十二音階(十二律)の各音を陽性と陰性に分けたもののなかの陰性のものをいい、陽性のものを「律《りつ》」という。「呂」と「律」の組み合わせによって曲が構成されるので、転じて「呂律」は音楽の旋律の意味になった。**そしてさらに「呂律《りょりつ》」は「呂律《ろれつ》」と音変化し、言葉の調子、ものをいうときの調子という意味になり、江戸時代になって「呂律が回らない」という表現が生まれた。

220

# 腕白《わんぱく》

## いたずらな子は腕が白い？

子供がいたずら好きで、いうことを聞かないこと、またそうした子供のことを「わんぱく」といい、漢字ではふつう「腕白」と書く。その漢字を文字どおり解釈すると、腕が白いという意味になる。ではいたずら好きの子は腕が白いかといえば、そんなことはない。

**「わんぱく」は江戸時代に生まれた言葉で、その語源については二つの説がある。一つは亭主関白《かんぱく》などという「関白」が変化したものという説。すなわちワンマン（権力者）を意味する「関白」がなまって「わんぱく」になったという。もう一つは漢語の「枉惑《おうわく》」からきているという説。枉惑は不正、道にはずれることなどを意味する。それがなまって「わんぱく」になったという。**

「わんぱく」の漢字「腕白」は、いわゆる当て字である。腕が白いという意味はない。

# 「二字漢字力」テスト

## 問題

文章中の太字のカタカナ部分を、漢字に直してください。

### 【第1問】

a **カンセイ**はがき。（　）

b **カンセイ**な住宅地。（　）

c 彼は独特の**カンセイ**を持っている。（　）

d 報道**カンセイ**が敷かれる。（　）

e ファンの**カンセイ**に包まれる。（　）

f **カンセイ**の法則。（　）

g ビルが**カンセイ**した。（　）

h **カンセイ**にはまる。（　）

i **カンセイ**をあげて突っ込む。（　）

【第2問】

a 病気が**カイホウ**に向かう。（　　）

b 彼は**カイホウ**的な性格だ。（　　）

c けが人を**カイホウ**する。（　　）

d 会員に**カイホウ**を送る。（　　）

e 奴隷を**カイホウ**する。（　　）

【第3問】

a 動物の**セイタイ**を調査する。（　　）

b **セイタイ**模写の芸人だ。（　　）

c 腰痛だから**セイタイ**に行こう。（　　）

d 神聖な**セイタイ**拝領の儀式。（　　）

e あの国は専制**セイタイ**の国だ。（　　）

## 答え

### 【第1問】

a 官製　政府がつくること。

b 閑静　物静かなこと。ひっそりとしたさま。

c 感性　感覚によって呼び起こされる感情や衝動。感受性。

d 管制　国家が強制的に管理・制限すること。

e 歓声　よろこびのあまり叫ぶ声。

f 慣性　力が働かない限り、物体がその運動状態を持続する性質。

g 完成　完全にできあがること。

h 陥穽　獣などを捕らえる落とし穴。人を失敗させるはかりごと。

i 喊声　出撃や突撃のときに大勢であげる叫び声。ときの声。

【第2問】

a 快方 病気などがよくなること。

b 開放 隠さず、あけひろげにすること。

c 介抱 病人やけが人の世話をすること。

d 会報 会の運営や活動などを報告する文書。

e 解放 束縛を解いて自由にすること。

【第3問】

a 生態 生物が自然界に生活しているときの状態。

b 声帯 のどの中央部にある発声器官。

c 整体 手技によって骨格のゆがみや異常を整えること。

d 聖体 キリストの体の称。

e 政体 国家の根本的な組織形態。

問題 文章中の太字のカタカナ部分を、漢字に直してください。

【第4問】

a **セイサン**化合物で毒殺された。（　　）

b 借金を**セイサン**する。（　　）

c **セイサン**な戦いをくりかえす。（　　）

d **セイサン**者米価。（　　）

e じゅうぶん**セイサン**がある。（　　）

【第5問】

a 病気もせずに**ソウケン**だ。（　　）

b サギ罪で書類**ソウケン**された。（　　）

c 大相撲横綱**ソウケン**。（　　）

d 期待を**ソウケン**にになう。（　　）

【第6問】

a 旅立ちの前途を祝す**ソウコウ**会。

b **ソウコウ**の妻に感謝する。

c 軍隊の**ソウコウ**車。

d 説得がやっと**ソウコウ**した。

e スピーチの**ソウコウ**を書く。

【第7問】

a **ヘイコウ**感覚を調べる。

b 今年の暑さには**ヘイコウ**する。

c 両方を**ヘイコウ**して進める。

d 体操の**ヘイコウ**棒競技。

e 学校を**ヘイコウ**する。

（　）（　）（　）（　）（　）（　）（　）（　）（　）（　）

## 答え

【第4問】

a 青酸　有毒で揮発性の強い無色・微酸性の液体。シアン化水素酸。

b 清算　今までの貸し借りを整理してきまりをつけること。

c 凄惨　むごたらしくて思わず目をそむけたくなる様子。

d 生産　人間が生活に必要な物を作り出すこと。

e 成算　必ず成し遂げることができるという見通し。成功の当て。

【第5問】

a 壮健　体が丈夫で意気さかんなこと。

b 送検　容疑者や捜査書類などを警察署から検察庁へ送ること。

c 総見　団体の全員が芝居・相撲等の興行を見物すること。

d 双肩　両方の肩。責任・任務を負うもののたとえに使う。

【第6問】a 壮行　遠くへ旅立つ人の前途を祝福し、激励すること。
b 糟糠　酒かすとぬかのような粗末な食べ物。貧しい生活。
c 装甲　敵弾を防ぐために鋼鉄板を車体・船体などに張ること。
d 奏功　目的どおりに物事を成し遂げること。功を奏すること。
e 草稿　文章の下書き。原稿の下書き。

【第7問】a 平衡　つりあいがとれていること。
b 閉口　どうにもならなくて困ること。ひどく困らされること。
c 並行　並んで進むこと。
d 平行　交わることのない二直線、二平面、空間の直線と平面。
e 閉校　学校を閉鎖して授業を休止すること。

問題 文章中の太字のカタカナ部分を、漢字に直してください。

【第8問】

a **トウキ**五輪大会。（　　）

b 不法**トウキ**はいけません。（　　）

c 株などの**トウキ**取引。（　　）

d 不動産を**トウキ**する。（　　）

e 物価の**トウキ**にまいります。（　　）

【第9問】

a 個人の**イシ**を継ぐ。（　　）

b **イシ**表示する。（　　）

c **イシ**の診断を待つ。（　　）

d 彼は**イシ**が弱い。（　　）

【第10問】
a 日本に**キカ**する。
b 数学の**キカ**は苦手。
c 液体の**キカ**熱を調べる。
d **キカ**おくべし（好機をのがすな）。
e 旅行先で**キカ**にあう。

【第11問】
a 英語の**ジセイ**。
b **ジセイ**を見る目が必要。
c **ジセイ**の句を詠む。
d 彼は**ジセイ**心が強い。
e 植物の**ジセイ**地が減っている。

（　）（　）（　）（　）（　）（　）（　）（　）（　）（　）

## 答え

【第8問】

a 冬季　冬の季節。

b 投棄　投げ捨てること。

c 投機　不確実だが、当たれば利益が大きいことをねらってする行為。

d 登記　公式の帳簿に記載して権利を確実にすること。

e 騰貴　物価（値段）や相場が上がること。

【第9問】

a 遺志　故人が生前に果たすことができずに、後に残した志。

b 意思　ある物事をしようとする本人の気持ち、考え。

c 医師　医者。

d 意志　積極的な心の働き。目的のはっきりした意向。

【第10問】

a 帰化 自国の国籍を捨て、他国の国籍を得て、他国民になること。

b 幾何 数学の一部門。幾何学の略。

c 気化 液体が沸騰・蒸発して気体に変化すること。

d 奇貨 利用すれば思いがけない利益が得られそうな品・機会。

e 奇禍 思いがけない災難。

【第11問】

a 時制 動詞の表す動作の時間的表現についての分類。

b 時勢 時代の移り変わる勢い。世の中の成行き。

c 辞世 この世に別れを告げること。

d 自制 自分で自身の欲望・感情を抑えること。

e 自生 （植物が栽培によらないで）ひとりでに生えること。

問題　文章中の太字のカタカナ部分を、漢字に直してください。

【第12問】
a　一筋の**コウミョウ**を見い出す。（　　）
b　怪我の**コウミョウ**。（　　）
c　彼のやり口は**コウミョウ**だ。（　　）
d　**コウミョウ**の中に不覚あり。（　　）

【第13問】
a　地球は**コウテン**している。（　　）
b　景気が**コウテン**する。（　　）
c　社員旅行は**コウテン**に恵まれた。（　　）
d　運動会が**コウテン**で中止になった。（　　）
e　あの性格は**コウテン**的なものだ。（　　）

【第14問】

a **ドウコウ**が開いている。

b 手品の**ドウコウ**会。

c **ドウコウ**異曲。

d 会社の**ドウコウ**を知る。

e 任意**ドウコウ**を求める。

【第15問】

a キリスト教の**デンドウ**師。

b 白亜の**デンドウ**。

c **デンドウ**式のおもちゃ。

d 銀はいちばん電気を**デンドウ**する。

e この機械の**デンドウ**装置は?

（　　）（　　）（　　）（　　）（　　）（　　）（　　）（　　）（　　）（　　）

## 答え

【第12問】

a 光明 逆境にあるときに見いだす、希望や解決のきざし。

b 功名 手柄を立てて名をあげること。

c 巧妙 物事のやり方がきわめて巧みなこと。

d 高名 有名なこと。

【第13問】

a 公転 惑星が周期的に恒星のまわりを回ること。

b 好転 事態がよい方向に変わること。

c 好天 晴れ上がったよい天気。

d 荒天 風雨や雪などの荒れた天気。

e 後天 生まれてから後に身についたこと。

【第14問】

a 瞳孔 目の虹彩《こうさい》のまん中にある円形の小さな孔《あな》。

b 同好 趣味や興味の対象が同じであること。

c 同工 作り方・細工・手ぎわが同じであること。

d 動向 社会の人びとの心理・行動の、動きや傾向。

e 同行 いっしょに行くこと。

【第15問】

a 伝道 信者を増やそうと教義を伝え広めること。

b 殿堂 広壮な建物。

c 電動 電機を動力源として利用すること。

d 伝導 熱または電機が物体の中を伝わっていくこと。

e 伝動 機械装置で、動力を同じ機械の他の部分に伝えること。

## ブレイクタイム

二字漢字と「畳字《じょうじ》（踊り字＝々）を使っている二字漢字」が組合わさった四字熟語です。いろいろありますね。

**余裕綽々**（よゆうしゃくしゃく）
落ち着きはらうさま。

**興味津々**（きょうみしんしん）
非常に興味が引かれるさま。

**多士済々**（たしせいせい）
すぐれた人材が多いようす。

**虎視眈々**（こしたんたん）
虎が獲物を狙うように機会を狙って様子をうかがうさま。

**威風堂々**（いふうどうどう）
威勢のあるさまが他に比べものにならないほど立派なようす。

**前途洋々**（ぜんとようよう）
将来の明るい希望がもてること。

**諸説紛々**（しょせつふんぷん）
意見が入り乱れて、まとまりがつかないさま

**音吐朗々**（おんとろうろう）
声量が豊かで爽やかなこと。

**意気揚々**（いきようよう）
気持ちが高揚し、いかにも誇らしげに振る舞う様子。

**勇気凛々**（ゆうきりんりん）
失敗や危険をかえりみず、勇敢に立ち向かっていこうとするさま。

問題

次の漢字の読み方を答えてください。

小半

言伝

飛白

白粉

彼是

粗目

端境

物相

如何

雑魚

病葉

木訥

玄翁

土塊

長押

目脂

婆娑

不犯

只管

坩堝

## 答え

**こなから**
半分の半分。二合半。

**ことづて**
伝言。

**かすり**
織物。絣。ひはく。

**おしろい**
顔などに塗る白い粉末。

**あれこれ**
あれやこれや。

**ざらめ**
大粒の砂糖。あらめ。

**はざかい**
入れかわりの時期。

**もっそう**
飯を一人一人に給する器。物相飯。

**いかが**
どのように。

**ざこ**
小さい魚。じゃこ。

**わくらば**
変色した葉。

**ぼくとつ**
無骨で飾り気のないこと。朴訥。

**げんのう**
かなづち。

**つちくれ**
土のかたまり。どかい。

**なげし**
鴨居に取りつける横木。

**めやに**
めくそ。

**しゃば**
人間が現実に住んでいる、この世界。俗世間。

**ふぼん**
戒律を犯さない事。

**ひたすら**
いちず。一向。

**るつぼ**
物質を熱するための容器。熱狂状態。

## 問題

次の漢字の読み方を答えてください。

- 勿怪
- 法螺
- 陸稲
- 紅型
- 楊枝
- 乃至
- 猫糞
- 等閑
- 年嵩
- 干鰯
- 束子
- 贖罪
- 幇間
- 顰蹙
- 発条
- 胡坐
- 氷柱
- 空穴
- 蚊帳
- 長閑

## 答え

**もっけ**
思いもよらぬこと。もっけの幸い。物怪。

**ないし**
あるいは。

**たわし**
台所用品。

**あぐら**
足を組んですわること。胡床。胡座。

**ほら**
大げさに言う。ほうら。

**ねこばば**
悪さをして知らんぷり。

**しょくざい**
お金や品物を出して罪科を許して貰うこと。

**つらら**
軒先の氷。

**おかぼ**
畑で作る稲。りくとう。

**なおざり**
いいかげん。

**ほうかん**
たいこもち。

**からけつ**
おけら。金無し。

**びんがた**
沖縄の伝統型染。

**としかさ**
年上。

**ひんしゅく**
不快に思って顔をしかめること。

**かや**
部屋に吊り下げて蚊を防ぐおおい。

**ようじ**
歯のそうじ具。

**ほしか**
ほしたいわし。

**ばね**
ぴょ~ん。はねる力。弾力性。

**のどか**
のんびり。

## ジャンル別問題❶ 植物編

次の漢字の読み方を答えてください。

杏子　梔子　独活　桔梗

糸瓜　柘榴　胡瓜　木槿

胡桃　山葵　団栗　鬼灯

木耳　石蕗　銀杏　忍冬

杜若　黄楊　牛蒡　水雲

# 答え

**あんず**
バラ科の落葉樹。
干したり、
ジャムで賞味。

**くちなし**
アカネ科の常緑樹。
白く香り高い花。

**うど**
ウコギ科の多年草。
若芽の香りを賞味。

**ききょう**
キキョウ科の多年草。
秋の七草のひとつ。

**へちま**
ウリ科の一年草。
天糸瓜とも書く。

**ざくろ**
ザクロ科の落葉樹。
石榴とも書く。

**きゅうり**
ウリ科の一年草。
黄色の花で黄瓜とも
書く。

**むくげ**
アオイ科の落葉樹。
槿とも書く。
ゆうかげぐさ。

**くるみ**
クルミ科の落葉樹。
殻を割って種子を食す。

**わさび**
アブラナ科の多年草。
日本原産。わさび漬け。
刺身の友。

**どんぐり**
カシ、クヌギ、コナラ
などの実の俗称。

**ほおずき**
ナス科の多年草。
酸漿とも書く。
紅いガクと実で鬼灯。

**きくらげ**
キクラゲ科のキノコ。
中華の八宝菜に入れる。

**つわぶき**
キク科の多年草。
蕗《ふき》と別属。
黄色の花。観賞用。

**いちょう**
イチョウ科の裸子植物。
公孫樹とも書く。実の
ギンナンと同字。

**すいかずら**
スイカズラ科の多年草。
葉が冬も残るので
忍ぶ冬。にんどう。

**かきつばた**
アヤメ科の常緑樹。
燕子花とも書く。

**つげ**
ツゲ科の常緑樹。
櫛《くし》、判子《はんこ》、
将棋の駒の材。

**ごぼう**
キク科の越年草。
アザミに似た花。
根を食す。

**もずく**
海産の一年生褐藻。
酢の物にして食す。

## ジャンル別問題❷ 動物編

次の漢字の読み方を答えてください。

| | | | |
|---|---|---|---|
| 家鴨 | 海胆 | 年魚 | 海象 |
| 水鶏 | 海月 | 翡翠 | 守宮 |
| 木菟 | 飛蝗 | 軍鶏 | 土竜 |
| 栄螺 | 水馬 | 交喙 | 蝸牛 |
| 蜥蜴 | 蛞蝓 | 海星 | 羚羊 |

# 答え

**あひる**
マガモの家禽《かきん》。肉、卵を食し、羽毛は羽ふとん。

**うに**
ウニ綱《こう》の棘皮《きょくひ》動物の総称。イガ状トゲで海栗とも書く。

**あゆ**
アユ科の淡水魚。鮎、香魚とも書く。

**せいうち**
セイウチ科の哺乳類北極海に住む。

**くいな**
クイナ科の鳥。沖縄の山原水鶏《やんばるくいな》は天然記念物。

**くらげ**
浮遊生活をする刺胞《しほう》動物。水母とも書く。

**かわせみ**
カワセミ科の鳥。ひすい。川蝉とも書く。

**やもり**
ヤモリ科の爬虫類《はちゅうるい》。夜行性。家守とも書く。

**みみずく**
フクロウ科。頭に耳状の長い羽毛をもつものの総称。

**ばった**
バッタ目の昆虫の総称。蝗虫とも書く。

**しゃも**
シャムから渡来した鶏。闘鶏に用いる。

**もぐら**
モグラ科の哺乳類。もぐらもち。

**さざえ**
リュウテンサザエ科の巻貝。壺焼きが美味。

**あめんぼ**
アメンボ科の昆虫。飴《あめ》の匂いがするので飴坊とも書く。

**いすか**
アトリ科の鳥。くちばしが上下くいちがう。「交喙の嘴《はし》のくいちがい」

**かたつむり**
陸生の大形巻貝の総称。でんでんむし。かたつぶり。

**とかげ**
トカゲ目の爬虫類の総称。尾は再生する。

**なめくじ**
ナメクジ科の軟体動物。陸生の巻き貝だが、殻《から》はない。

**ひとで**
ヒトデ綱《こう》の棘皮《きょくひ》動物の総称。人手、海盤車とも書く。

**かもしか**
ウシ科の哺乳類。羚鹿とも書く。

## ジャンル別問題❸ 人間編

次の漢字の読み方を答えてください。

| | | | |
|---|---|---|---|
| 頓馬 | 盆暗 | 耳朶 | 蟹股 |
| 下種 | 阿漕 | 気障 | 女形 |
| 鈍間 | 鯔背 | 健気 | 旋毛 |
| 莫迦 | 蒲魚 | 寸胴 | 和毛 |
| 粗忽 | 木偶 | 胡乱 | 黒子 |

## 答え

とんま
まぬけ。

ぼんくら
ぼんやりもの。

みみたぶ
耳の下のやわらかい所。
じだ。

がにまた
O脚。

げす
心いやしい。

あこぎ
無慈悲。

きざ
気取っていてイヤミな感じ。

おやま
歌舞伎で女の役をする男役者。

のろま
にぶい。
野呂間、野呂松。

いなせ
いきな風情。

けなげ
心がけがよく殊勝な感じ。

つむじ
頭のうずまき。
せんもう。

ばか
あほう。
馬鹿。

かまとと
知らないふりして上品ぶる。

ずんどう
くびれがない。
ずんど。

にこげ
うぶげ。

そこつ
軽はずみ。
楚忽。

でく
でくのぼう。

うろん
正体があやしく疑わしいこと。

ほくろ
皮膚の表面にあるくろっぽい小斑。

●著者プロフィール

**北嶋 廣敏** きたじま・ひろとし

福岡県生まれ。早稲田大学文学部卒。短歌・美術の評論でデビュー。書書に「塚本邦雄論」「語源の辞典」「使っているけどわからない日本語の雑学」「ことわざの謎と裏」「オンナの漢字」「林檎学大全」「美術の森の巨人たち」「江戸川柳で読む忠臣蔵物語」「江戸人のしきたり」ほか多数。

●スタッフ

企画編集　藤山敬吾（グレイスランド）
カバー・デザイン　下川雅敏（クリエイティブハウス・トマト）
DTP　葛西秀昭（タケスタジオ）
編集協力　冨山恭子

レイド文庫
二字漢字の謎を解く　親を切ると書いてなぜ「親切」

平成23年2月24日　初版第1刷発行
平成24年5月21日　第2刷発行
（定価はカバーに表示してあります）

著　者　北嶋廣敏
発行者　堀池道夫
発行所　株式会社リイド社

〒166-8560　東京都杉並区高円寺北2-3-2
TEL.03-5373-7001（代表）
http://www.leed.co.jp

印刷所　株式会社暁印刷
製本所　株式会社暁印刷



ISBN978-4-8458-3757-1 C0076